空室を許さない！

「満室」管理の「王道」

～「空室対策術」と
「家賃アップ術」の
新常識を学ぶ「教科書」！～

満室案内人
穴澤康弘
兼業大家
白岩貢　著

はじめに

はじめまして！

穴澤康弘と申します。アパレルメーカーの接客業、結婚相談所の相談員という不動産にはまったく関係のない業界から、不動産会社に入社し賃貸物件の客付け営業マンとなり、5年間で約2000件の物件の空室をひたすらに埋めました。

その後、ひょんなご縁から大家として不動産投資アドバイザーとして実績のある白岩貢さんと出会い、現在は、白岩さんの事務所スタッフのお手伝いをしながら、空室に悩む大家さんのサポートをしています。


さて、皆さんもご存知の通り、日本は超高齢化社会に突入しています。私は生まれも育ちも東京ですが、「東京だから賃貸経営は安心だ」という気持ちにはまったくなりません。

たしかに地価は高いですし、人口密度も高いです。新宿や渋谷などターミナル駅に出れば、信じられないほどの多くの人が行きかっています。

しかし、私がいた客付けの現場では、東京都内・・・それも人気の住宅街だったり、学生需要もある良い場所でありながら、空室で溢れかえっていました。

さすがに新築でまったく入らないということはありませんが、場所が良くても築年数がかさんで古くなった物件、築浅でも狭くて住みにくい物件など、お客様に選んでもらえない部屋が本当にたくさんありました。

また、多くの大家さんは、管理会社を意識しても客付け会社は意識していません。

管理会社はあくまでその物件を管理する会社であり、それぞれの業務はアウトソーシングしていることが多いです。もちろん、自社で客付けを行う会社もありますが、多くの管理会社は客付け会社に入居募集をまかせているのです。

我々、客付け側の人間は、なかなか大家さんと話す機会はありません。管理会社とのやりとりだけで、その物件にお客様をご案内して契約をとっていくのです。

そこには大家さんからすると、思ってもみない意外なやりとりやかけひきがあります。

本書のタイトルは「満室の王道」ですが、第1部では「最強の空室対策」として、空室に悩む大家さんのために抑えておくべく基本的な内容から、実際に客付けの現場にいる客付け会社の営業マンを上手にあやつる方法を書いています。

そして、第2部では白岩貢による、「空室対策としての旅館アパート」です。「旅館アパート」とは、普通のアパートや戸建てを旅館として運用するという新しい形の不動産投資です。

この説明をすると「民泊ですか？」と聞かれるのですが、法的に区分すると「民泊」ではなくて「旅館」です。売買も賃貸も含めて、土地取引については宅建業法でそのルールで定めれているように、旅館のルールは旅館業法によって定められています。どこから見てもアパートなのに、きちんと手続きを踏むことで、旅館として稼働しはじめます。

月々の家賃をいただくアパートと、宿泊費という形で支払われる旅館は似て非なるものです。なによりもニーズの強さが賃貸物件の何倍もあります。その辺は本文で最新データを交えながら解説しています。

そして私、穴澤と白岩さんの対談では、東京にこだわらない、さらに新しい形の旅館業の可能性を紹介しています。私自身も旅館業の開業サポートも行っていますが、旅館業だけでなく、民泊の最前線で活躍するホストも紹介しています。

その他、コラムにて私の婚活アドバイザー時代のエピソードも綴っています。正直、不動産投資とはまったく関係のない婚活業界の話が中心ですが、ところどころ賃貸物件の客付けと被る話もあり、書いていてとても楽しかったです。


白岩さんと出会うまでの私は入居希望者や管理会社と接することはあっても、大家さんとは近しい関係ではありませんでした。

高齢の地主さんが多いこともあり、「話してもなかなか伝わらない人種」という印象も抱いていたのですが、実際に大家さんたちに話を聞いてみると、地主大家さんはもちろん、サラリーマン大家さんもみんな「空室を埋めたい！」「アパート・マンションを高稼働させてたい！」と強く願っていました。

中には需給バランスの崩れた地方に大規模物件を購入してしまい、ガラガラ状態で苦しんでいる方たちもたくさんいました。私はそんな大家さんたちの力になりたいと考えています。

「繁忙期に決まらなかった」
「申し込みどころか内見もない」
「1年間ずっと開けっ放し」

どれか一つでも該当する方は、ぜひこの先を読み進めてください。必ず役に立つはずです！

本書がみなさまのこれからの大家さんライフを優位に、そしてストレスなく豊かに過ごすことの手助けとなることを願っております。

穴澤 康弘

◆目次◆

第1部 「最強」の空室対策

第1章 なぜ、あなたの物件の空室は埋まらないのか？ いま物件に蔓延する「空室病」の恐怖!!

第4章　2000件の物件を埋めた経験！空室を埋める〝これだけ〟3ステップ

第5章　ずっと満室を続ける大家になる管理のコツ

第2部　空室対策としての「旅館アパート」

第1章　「究極」の空室対策とは？

第2章　求められる「旅館アパート」

第3章　「旅館アパート」転用ノウハウ

第1部

「最強」の空室対策

第1部は、元不動産会社の客付けトップ営業マンであった、穴澤康弘による空室対策ノウハウです。

世の中には空室で苦しんでいる大家さんがたくさんいます。知識のない地主さんはもちろんのこと、不動産投資の勉強をしているはずのサラリーマン投資家も空室を埋めることに苦戦しています。

ここでは客付けの仲介業者の視点から、どのようにすれば空室が埋まるのかを解説します。

第1章

なぜ、あなたの物件の空室は埋まらないのか？いま物件に蔓延する「空室病」の恐怖!!

まず、第1章では、なぜあなたの物件の空室が埋まらないのか?
その理由をじっくり考えてみましょう。

たとえ物件が乱立しているエリアであっても、満室のアパートは必ずあるものです。
逆に、どれほど好立地で立派な建物でも埋まらない物件は埋まりません。
満室の物件、空室の物件。そこにある差は何なのかをしっかり理解してください。
あなたの物件に足りないものは何か。最初にそれを認識しましょう。

1 空室が埋まらない現実

現在は空き家が問題になっているのにもかかわらず、次々に新築が建っています。

新築を建てる理由と言えば、地主さんであれば相続対策、サラリーマン投資家では郊外につくられた建売の新築アパートを購入するケースが多いようです。

国土交通省より2019年1月に発表された「建築着工統計調査報告」(平成30年計)によれば、「平成30年の新設住宅着工は〝持家及び貸家が減少したため〟全体で減少となった」と報告されています。

具体的にいえば、2018年の新設住宅着工戸数の全国合計は94万2370戸、前年比では2・3％減となり、2年連続の減少です。

その内訳をみれば、貸家は39万6404戸で、前年比で5・5％減、7年ぶりの減少となりました。減少とはいえ、40万戸の物件が新築されているのです。

新設住宅着工戸数の推移

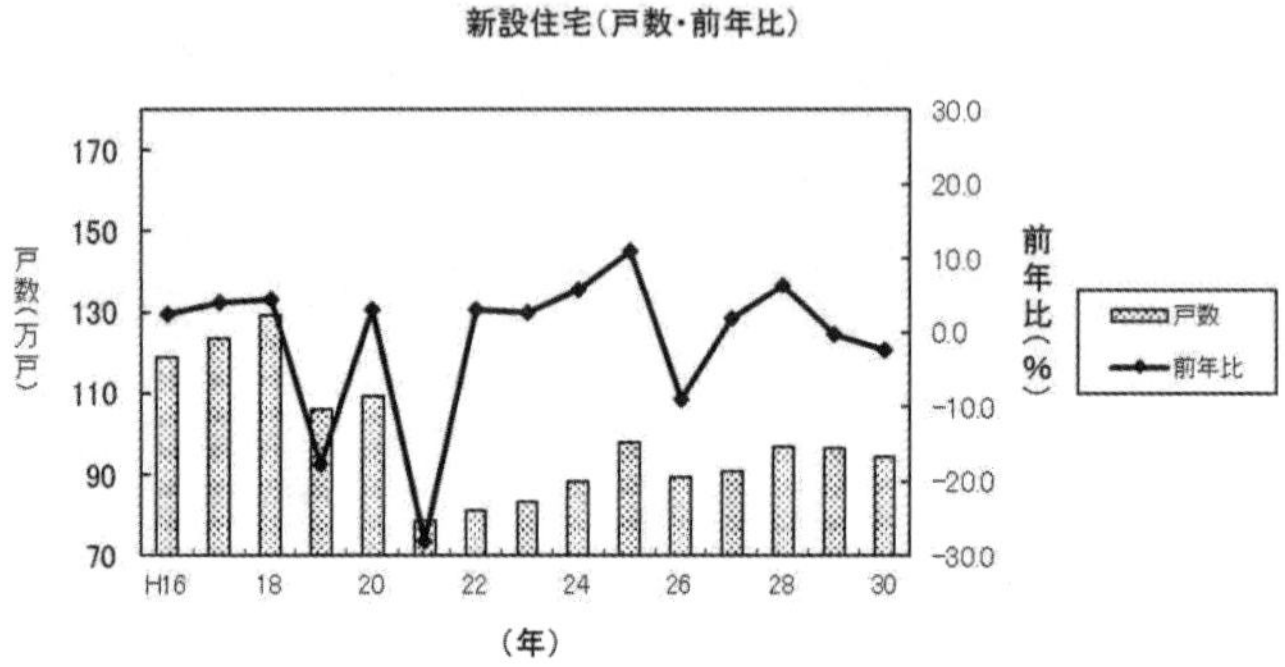

出典：国土交通省「建築着工統計調査報告」（平成30年計）
http://www.mlit.go.jp/common/001271169.pdf

当然、部屋を探している人からすれば、同じ家賃を払うならキレイな物件を好みます。

なかでも、「駅近（5分以内）」の「新築物件」は絶大な強みを持ちます。

新築でなければ「築浅（妥協して5年）」それから「2階以上」の3つの条件を満たす物件が人気といえます。

こうした物件は、正直、賃貸仲介の営業マンは必要ありません。入居者が自ら問い合わせをしてきて、案内をしたらすぐ決まるというイメージです。

次ページの「全国の賃貸用住宅の空室率一覧」（見える！　賃貸経営）をご覧くだ

全国の賃貸用住宅の空室率一覧

	空室率(%)
北海道	20.8%
青森県	26.1%
岩手県	23.3%
宮城県	21.5%
秋田県	24.5%
山形県	22.0%
福島県	22.8%
茨城県	27.5%
栃木県	24.4%
群馬県	25.0%
埼玉県	18.4%
千葉県	20.5%
東京都	14.5%
神奈川県	16.1%
新潟県	21.5%
富山県	24.0%
石川県	23.6%
福井県	30.1%
山梨県	28.2%
長野県	27.7%
岐阜県	25.6%
静岡県	18.5%
愛知県	16.1%
三重県	21.3%
滋賀県	17.7%
京都府	17.5%
大阪府	20.1%
兵庫県	19.9%
奈良県	24.7%
和歌山県	24.5%
鳥取県	22.9%
島根県	18.7%
岡山県	18.6%
広島県	18.2%
山口県	19.1%
徳島県	22.4%
香川県	24.5%
愛媛県	21.2%
高知県	22.8%
福岡県	18.9%
佐賀県	15.7%
長崎県	18.4%
熊本県	17.9%
大分県	18.1%
宮崎県	15.8%
鹿児島県	17.6%
沖縄県	11.7%

総務省統計局「平成20年度住宅・土地統計調査」からデータ出典
出典：「見える！　賃貸経営」https://toushi.homes.co.jp/owner/

さい。

実際、空室率のデータを見ると、首都圏だから低いというわけではありません。むしろ首都圏はエリアが広く物件の供給も多いため、現実には空室に苦労している大家さんは多いといえます。

また地方ともなれば、より空室率が高くなります。もっとも低い沖縄でも10％以上ですし、大阪府のように賃貸需要がありそうな都市ですら空室率20％を超えています。

この空室率は、総務省統計局「住宅・土地統計調査報告」を引用して掲載されています。住宅・土地統計調査（5年ごと）は、日本の住宅とそこに居住する世帯の居住状況、世帯の保有する土地等の実態を把握し、その現状と推移を明らかにする調査です。

空室率は、住宅の数（又は借家の数）に対する空家数（又は賃貸住宅の空家数）の割合をエリア毎に計算したものです。

2 すぐに見直す「3大空室病」対策！

不動産業者では、空室はよく病気に例えられます。

その原因の多くは、大きく分けて「3つ」に絞られます。

単純に言えば、空室期間が空けば空くほど決まる確率は下がっていくのですが、この「3大空室病」を診断して治療していくことで物件は満室に回復していきます。

「1の病気」共有部分及び室内が汚れている

1つ目の病気は、「共有部分及び室内が汚れている」です。入居者がいない期間が長くなると埃っぽくなり、室内に虫の死骸が部屋に転がっていたり、共有部の廊下にくもの巣がはっていることもあります。今ではスマートメーターの導入により電気の供給も止められてしまいます。そうなると、とても内見できる状態にはありません。

このような状態で内見することになれば、築浅のキレイな物件であっても決まりにくくなります。

また、トイレからも配管の臭いが上がってくるので悪臭が漂います。

2週間に1度はトイレを流さないと、内見する価値がないくらいにまでひどくなります。また、お風呂や洗濯機なども含めて、きちんとした管理会社だとラップをつけて臭いが上がってこないようにするものです。

つまり、賃貸物件は定期的に手入れをしなければ、築年数に関係なく汚い部屋になってしまうのです。

「2の病気」大家さんが諦めている

2つ目の病気は、「大家さんが諦めている」です。

築年数が経過して部屋が古びてくるとリフォームも必要となります。設備も時代遅れになったり、古くなって交換が必要になると、単身向けで何十万円、ファミリー向けともなれば100万円以上もの費用がかかることもあります。

ただでさえ空室続きの部屋なのに、多額のコストがかかるとなれば、腰も重くなります。そして「大金を支払うくらいなら、『この部屋でもいい』と言ってくれる人を見つけたい」という気持ちになります。
そうなってしまうと、家賃をよっぽど下げない限り、この部屋に興味を持つ人は現れません。
結果、1年以上にもおよぶ空室が続き「空いているのが当たり前」という状態になってしまいます。そうなると大家さんはもう「埋めること」をあきらめてしまいます。

これは、地主に多いタイプといえます。お金には困っていないので、無理して満室経営をする必要がないのだと思います。「決まるときに決まるべくして決まる」と考えているのでしょう。

ただ、今はサラリーマン大家さんも増えてきていて、中には本当にお金がない層もいます。オーナーチェンジで地方に物件を購入するケースでは、東京よりも大規模な物件であることが多いです。

空室が1戸だけならともかく、まとめて数戸が退去すると、部屋をキレイにしたり、ニーズのあるリフォームをするお金が足りなくなります。つまりリフォームの必要性はわかっていても、「お金がないから諦めざるを得ない」という人たちです。

「3の病気」全て管理会社のせいにしている

最後の3つ目の病気は一番大きな病気です。

それは、「管理会社のせいにしている」です。つまり他人任せの状況です。

部屋が汚れているのも、入居者が決まらないのも管理会社の責任。仕事なんだし早くなんとかして欲しいものだ・・・こういう大家さんが本当にたくさんいます。

しかし、多くの場合、管理会社はすでにさまざまな提案をしているのに、大家さんがそれを断っているケースが多いです。にもかかわらず、「毎月管理料を支払っているのだから自分はお客様だ」という認識で管理会社のせいにしてしまうわけです。

そのうち、管理会社も大家さんへ提案することをあきらめます。また、積極的に入居をつけることもなくなります。

賃料をもらう入居者さん（お客様）とは人間同士の関係であることは認識されていると思いますが、物件を埋める管理会社（ビジネスパートナー）とも人間同士の関係ということを忘れないでください。

このように、大家さんの中には管理会社に不満を持っている方も少なくないと思いますし、中には管理会社が本当にはイマイチだったというケースもあります。必要以上の高額リフォームの提案をしたり、そもそも空室があっても何の提案もせずにほったらかしている会社もあるくらいです。

そのため一概に大家さんだけが悪いとはいえません。しかし、管理会社がしっかり業務をしているのか、それを把握するのも大家さんの仕事です。

管理会社から提案があれば、それを検討して必要なことはきちんと取り入れる。逆に空室が続いているのに、管理会社からなんの提案もなければ確認を入れた方が良いでしょう。

上手に管理会社と意思疎通ができず、関係性で悩んでいる大家さんは多いように感じます。

ただ、そもそもの原因は、大家さんでも管理会社でもありません。空室率が上昇しているのにもかかわらず、新築物件が絶えず建てられているのが問題だといえます。

普通、引っ越すならキレイで新しい転居先を探すので、古い物件ほど負けやすいのです。何もせず満室にできたのは過去の話で、何かしら対策を講じなければならない時代といえます。

3
3カ月空室が「病気」のサイン！

もし空室期間が3カ月を超えている場合は、私が挙げた3つのポイントをぜひ自問自答していただければと思います。どれかの空室の「病気」に当てはまっているはずです。

前述したように、空室についていえば「都会だから決まる」「地方だから決まらない」といった単純な問題ではありません。

また、地主大家さんとサラリーマン大家さんでいえば、地主大家さんの方がローン返済の負担がない（もしくは少ない）分だけ長引く空室に耐えきれる体力があります。

サラリーマン大家さんは土地も含めて購入している分だけ、ローンの返済負担も大きいものです。その人、その物件によって変わるところがありますが、家賃収入だけでは返済ができず、給与から持ち出しをしている人もいるくらいです。

これも「数万円だから大丈夫」という話ではありません。赤字経営になってしまっていたら、そこはきちんと改善すべきです。

もしも賃貸経営が立ち行かなくなれば、待ち受けているのは破綻です。繰り返しになりますが、給料からの補填はたとえ1万円だったとしても許容しないようにしましょう。不動産投資は「投資」と言われていますが、その実態は賃貸経営・・・つまり「事業」なのです。

利回り○%といった表面的なところだけでなく、実際にどれだけ部屋が稼働して、退去の際にはどれくらいのキャッシュアウトがあるのか。空室が続けば、いくらの損失が発生するのをしっかりと把握しましょう。

苦言を呈するようですが、儲けることばかり計算して、実際の経営状態を認識していない大家さんが多すぎるようにも感じます。

Column

アパレルから満室請負人へ・・・穴澤康弘の紆余曲折人生！

本書は、白岩貢と穴澤康弘の共著です。白岩さんはこれまで13冊の著書があり、様々な情報発信をされています。

対して私、穴澤は初めての著書となり、本書を手に取るまで、「アナザワ？　ダレ？」・・・そんな方が大半でしょう。

そこで貴重な紙面をお借りして、自己紹介がてら、私が今に至るまでの紆余曲折の半生（まだ若干36歳ですが）を綴りたいと思います！

ファッション好きでアパレルメーカーへ就職

私は生まれも育ちも東京です。大学は商学部で、ヨットサークルに入っていましたが、いわゆる体育会系ではなく遊び系のサークルでした。

卒業後はあまり深く考えず、ファッションが好きだから・・・とアパレル関係に就職しました。

私は男ばかりの三兄弟で次男、もともと父が不動産関係の仕事をやっていたこともあり、兄も不動産屋で弟も建物に関わる仕事をしています。私だけアパレルの仕事に就いたので、周囲からは「やはり次男坊は気楽な立場だね」と言われたものです。

私自身、今でこそ思いっきり不動産に関わっていますが、不動産業に進むつもりは全くありませんでした。

というのも親の背中を見て育ちましたので、子どものころから大変な仕事なんだと認識していました。私は絶対に不動産業にだけはいかないと考えて学生時代を過ごしてきたのです。

アパレルの仕事に就いていたのは5年ほどです。

最初は渋谷の丸井で、その後は池袋の東武、立川グランデュオと移動して、最後は新宿にある丸井のメンズ館に勤めてから辞めました。

好きな仕事でしたが、お金の方に興味を持ち出したのがきっかけとなり、自分の働き方に疑問を持ちました。

それほど給料が安かったのです。

ブランドにもよりますが、私が勤めていた会社は20代半ばから30代半ばの社員が多く、30代半ばで年収４００万円程度。これは少ないと感じました。

収入の多い父からは、「いつまでもそんなアルバイトのような年収でいいのか？」と苦言されていました。

当時はユニクロやH&Mといったファストファッションが右肩上がりになってきたころです。

それに対抗して、いつまでもダラダラとバーゲンセールをやり続けるようになりました。1月だけだったセールも、早々に12月から始まって、２月の末までやるようになってきたのです。

従業員は無駄に忙しくなるのに反し、客単価が低くなってきて悪循環です。

私は「このままではまずいな・・・」と将来に危機感を覚え、28歳で辞めることにしたのです。

誘われて結婚相談所の婚活アドバイザーに転身

結婚相談所は知り合いの紹介で就職しています。

２００８年に「婚活」というキーワードが流行語になりましたが、私もその辺りで興味を持ちました。

結婚相談所の社員といえば、「世話焼きおばさん」といったイメージを抱かれますが、私が勤めていた頃は、本当にその通りで8割が女性で占められています。

結婚相談所にやってくる若い人が増加するのに付随して、若いアドバイザーも必要になってきた流れがあります。おばさんだけでなくて若い社員もどんどん入れて、若いお客さんに対応する傾向になってきたのです。

私からすれば、それまで立ち仕事をしていたアパレルに比べれば、結婚相談所はラクでした。内容も乱暴にいってしまえば、誰にでもできる簡単な仕事です。

ただし人と話すこと、世話を焼くのが好きでなければ絶対に続かない仕事だと思います。この仕事は相談者のプライベートの中までぐいぐい入り込みます。

幸いにも私は人と話すこと、世話を焼くのが好きなので向いていましたし、ファッションが好きなことも武器になりました。

さて、本書は不動産投資、賃貸経営をテーマにしていますから、結婚相談所と聞いてもピンとこないでしょう。

ここで、ご存知のない（興味もないかもしれませんが・・・）読者の皆さんに結婚相談所の基礎知識をお伝えします。

もし、婚活中の方がいらっしゃいましたら参考になると思います（笑）。

まず、結婚相談所には大きくわけて「お見

合い型」と「検索型」の2種類があります。

相談員から紹介されて、お見合いだけをする。つまり、登録している会員の検索をさせないのが「お見合い型」です。

どうしてこのようなことをするのかというと、自分の年齢とターゲットの年齢を入れて、会員検索すれば、「候補者は○人です」とヒットして、結果が1日で見られてしまうからです。そして候補者と一通り、お見合いしてしまって結婚に至らなければ、その結婚相談所は用無しになってしまいます。

ですから「お見合い型」の場合は会員に選ばせることをさせず、相談員から「こんな感じの人はどうですか?」と小出しに異性を紹介していくのです。

私がやっていたのは「検索型」なのですが、なぜそれができるのかというと、ものすごく多くの会員がいたからです。年齢は下が18歳から、上は制限がありません。ただし10代は親の同意書が必要です。

女性で結婚相談所というと婚期を逃した人を思い浮かべるかもしれませんが、20代の会員さんもたくさんいます。

エステ勤めの方や看護師さんなど、女性だけの職場で男性との接点がない人が多いです。

あとは親が過保護で、「素性のわからない人と会わせるなんて絶対にありえません！」と身元を重視する人です。

男性についてはやはり30代40代が多いです。これも職場で女性と出会うチャンスのない人、男性は高年収、不動産投資的にいえば高属性の人が多いように思います。

結婚相談所ってどんなところ?

結婚相談所を知らないと、「出会い系サイト」ほどではなくても、ちょっと胡散臭いイメージを抱いている方も多いと推測します。

これは100%断言できますが、「出会い系サイト」は「婚活」と称していても、肉体目当てや詐欺目的があります。会員の中には既婚者がいるかもしれません。

それに対して結婚相談所は、あくまで「結婚をしたい人」しか来ませんし、必要な証明書の提出が義務付けられていますので身元は確かで安心です。結婚相手を探しにやって来ているので相手を気に入ればすぐに交際へと発展します。


料金システムは、相談所によって変わりますが、私の勧めていた相談所では一括前払いか月々活動費用を支払う2種類でした。1年間で30万円から40万円で退会すれば日割り計算でお返しするシステムですから良心的です。

他にも「お見合い型」に多いのですが、登録料を7～8万円払って、お見合いを1回につき1万円や1万5000円ほど払ってもらうパターンもあります。

巷では「婚活パーティー」というものも催されていますが、もしかすると既婚者が参加しているのかもしれません。これが会員さん限定のパーティーならば安心して参加もできるでしょう。それは一度フラれた人が再アタックするチャンスの場でもあります。


まず会員検索に気になる人がいたら、事務所の個室でお見合いをします。

20分程度経ったところ、男女別になって相談員の元のところに戻ってきてもらい、それぞれの感想を聞きます。まったく会話が続かなかったり、シーンとして雰囲気が悪ければ10分ほどで引き離すこともあります。

このときのレスポンスは顔を見れば一目瞭然です。

男性を女性のいる所へ連れて行くのですが、こちらが「それではよろしくお願いします！」と女性の顔を見たときに、「あっ」という表情で「写真と違わない？」という空気感を出すときがあります。そうするとこれは早めに切り上げた方がいいなと判断します。もちろんその逆もあります。

ただし最初は気まずいムードでも、そのう

ち互いに打ち解けて会話が盛り上がってきたら、「そのままお食事に行かれたらどうですか？」という流れになることもあります。

その後、交際申し込みとなると、「メールを交換する」「電話番号を交換する」に進みます。

ダメならまた次の人へ・・・となり、気に入る人が現れるまで、これが繰り返されます。交際に進んで3カ月ほど付き合って結婚するケースが多かったです。


そして同時にちがう人と交際ができないように、付き合ったら登録画面を消す「交際休止」という仕組みもあります。

会員同士で付き合うことになれば、会員さんから「この人と付き合うことになったので休止にしてください」と連絡が入ります。

男女から同時に連絡があればいいのですが、別々に電話が来ることがあります。男性だけ「休止」になっているのに、女性は「活動中」になっていたりすることがあるのです。女性会員が「あわよくばまだ他にいい人が見つかるかも」と企むからです。

これを不自然に思って、電話すると「後一週間くらい待ってもらえませんか」と言われることがありますが、もちろんダメです。

なぜなら、女性の方がたくさん申し込まれるので、交際する男性に対して「本当にこの人でいいのかな？」と選別したくなるからです。

一方、男性の方が会員数は多く、基本的に女性からは申し込みはしずらいものです。だから男性は積極的にアタックしなければなりません。

パズルのピース合わせに似ている結婚相談所

正直に言って結婚相談所にやって来るお客さんは、男女共オシャレに気を使う人が少ないです。

とくに不動産業界で「高属性」と言われるような年収の高い中年男性は「高いお金を払っ

ているんだから、いい女に出会わせろ！」と要求が強いです。

　自分は40歳以上で、20代の女性を指定するのは多いケースです。魅力があれば年の差は関係ないという女性も多くいますが、あくまで「魅力があれば」です。年収や肩書も魅力ではありますが、やはりルックスは重要です。

　例えば40代で初婚の男性が20代前半の女性に申し込みをしても、今風なチョイ悪のようにオシャレでソフトマッチョであれば交際に発展する可能性はあります。

　それが老け込んでいてお父さんのようなタイプの男性ですと、ついつい私も心の中で「それは、ちょっと無理かも・・・」と思います。


　若い女性を好む男性は多いですが、「高いお金を払っているでしょ！」というスタンスは間違っています。というのも、女性だってお金を払っています。

　お金を払っているから、いい出会いを求めたい・・・これは男性だけでなく、女性だって同じなのです。

　なので私は逆に、「あなたが好ましいと思われる女性は、どういう男性が好きだと思いますか？」と聞くのです。

　すると彼らは口をそろえて、「30代くらいまでで年収のある男性でしょうね」と答えます。

　さらに私は「では、あなたはどうして20代の女性に申し込んだのですか？」と問いかけます。すると皆さんようやく目が覚めて冷静になるのです。

　このような形で、自身を認識することからはじめるのが結婚相談所の相談員の大切な仕事なのです。

　そして、これは女性でも同じです。自分がタイプの男性は、どんな女性を好むのかまずは想像してもらいます。


　これは、後の不動産賃貸の仕事にも通じるところがありました。

　入居者が好む部屋というのは明確にありますから、それに沿った部屋を用意することで成約します。

男女間も同じようなもので、お互いに趣味が合う男女を結びつけることもやっていました。どう考えてもハマらないだろうと思われるパーツが、ピタッとハマるときがあるのです。

例をあげると、女性は30代で離婚経験があり子供がいる。男性は初婚で20代のケースもありました。

私はお客さんからかなり信頼されていましたので、一見すれば、その人のタイプでないような人であっても「そこまで穴澤さんが薦めてくれるのなら会ってみようか」と腰を上げてくれます。

そのときのテクニックとして、「好みの条件はちがうけれど、○○さんとは共通の趣味があるんです」など、その人が気に入るような要素をいくつか探しておきます。そのようにしてお見合いの席に誘ってみると、意気投合して盛り上がることがあります。

こうしたことは賃貸不動産の客付けの現場でもよくあります。

婚活と賃貸物件の共通点とは？

古い物件であればリフォームをします。婚活においてはお客さんをビフォーアフターで変身させます。

私はパーソナルコーディネーターという資格を持っていまして、この顔であればこの髪型で、このような服を着てというアドバイスができます。

これも賃貸物件の空室と同じです。

空室も最初のうちは「待っていれば決まるだろう」と思っていたのが、何カ月も経つうちに「申し込みどころか内覧もない・・・もうダメだ」と諦めてしまうのです。

婚活も1年経っても誰とも出会えていない。半年経っても1人も申し込みは来ないなど、男性会員に多いのですが、トラウマになって検索もしていないのです。会員画面にログインしていないことが分かるので、そうなれば呼出して相談に乗ります。

反して女性会員はそれほど苦労しておらず、基本的に男性の方が深刻な状況になりがちです。

年収が７００万円以上あればうまくいく可能性が高いのですが、年収４００万円や５００万円の人たちで、だらしのない清潔感のない40歳前後の人では努力が必要になります。

そのような人と話をするのですが、会話は真面目にできるのです。

それでは何に原因があるのかといえば、やはり外見に問題があります。そこで私がコーディネートのアドバイスを行います。

そういう方と面談すると、10年くらい前に購入された服でやって来ます。ジーンズなのに「この靴は高いんですよ！」と、スーツ用の靴を履いていたり・・・。

そこで私はこのような質問します。「あなたは登山するのにスーツを着ていきますか？」と。すると、「まさか、着ませんよ！」と反論します。私は「なぜスーツを着ていたら登山ができないのでしょう？　スーツは仕事着ですよね？　山登りにはそれ相応の服がありますよね？　婚活も同じなんですよ」と諭すのです。

当時の私はアラサーの若造ですが、会員さんの中には社長やお医者様など、社会的にステータスのある方が大勢います。彼らを仕事面では尊重しますが、「こと婚活においては私の方が上ですよ！」と宣言して、自分の意見をどんどん言いました。

私がいつも言うのは「背伸びしすぎないファッションで！」「サイズに注意して！」だけです。

男性も40代になるとラクに服を着たがる人が増加します。腕が動きづらいから」と、わざと一回り大きなサイズの服を買ってしまうのです。

サイズが合っていることを前提に「着回しができる服を買いなさい！」と指導します。

着るものがワンパターンになるとデートのときに「またその服？」とセンスを疑われますから。黒いジャケットを持っていれば中はシャツでもいいし、下はデニムでもチノパンでもなんでも似合います。スニーカーにしても応用の利く種類で買ってもらいます。「オシャレは我慢」という言葉もありますが、サイズ感と着回しを重視するところから教えてあげると、本当に上手くいきイケメンになるのです。

すごくカッコいいわけではありませんが、その人の持つ雰囲気を良くしてあげれば、女性が好む男性になれます。

人をフルリノベーションする

物件に例えると、これはリフォーム、リノベーションです。

むしろフルリノベーションくらい、元が分からないほど変えます。ただし体型ではなく服だけ、見栄えだけです。

いってみれば、物件の躯体は変えられませんが、間取りは変えられますし、水回りの設備も変えられます。アパートでいえば屋根や外壁はそのままでも塗り替えはできるし、内装に至ってはすべて一新して、まったく別物にできます。

そこで留意するのは、特別にオシャレになることではなく、まず「清潔感」です。

男性に多いのはけっして不潔ではないのですが、髪の毛がボサボサのままでお見合いしたら不潔に見えてしまいます。そのポイントは爪と髪の毛です。アイロンのかかっていないシャツやしわしわの洋服です。

婚活のとき女性は爪を見ます。私がお見合いの席で「何を飲みますか？」と聞きながら、ふと手を見たら爪の間にゴミが溜まっていたりします。

それと験担ぎ（げんかつぎ）なのか、小指の爪だけ伸ばしていたり。これは本当にやめて欲しいです。そのような人が40～50歳で普通にいます。

　賃貸物件であっても、まずは「清潔感」です。家賃さえ相場からちょっと安く設定できれば、何もフルリノベーションまでしなくても、「徹底的に清潔にする」ことで入居はつきます。

　これは「相場の家賃を取りたい」となれば、より魅力的な物件にしなくてはいけないし、「より高い家賃」を目指すのであれば、やはりフルリノベーションが必要です。


　私はお見合いのシミュレーションもしますが、これはすごく面白いです。女性スタッフと一緒に喫茶店に入ってお見合いを、いわゆる擬似デートをします。

　それを私が採点するのですが、会話に詰まるといきなり空いたグラスで遊びはじめるのです。

「女性の前では煙草を吸わないでくださいね」と念を押すのですが、そうすると手持ち無沙汰でやることもないから、手に取れる近くのもので遊びはじめてしまうわけです。

　グラスの氷をバリバリかじったり、ストローでジュースをズルズルと吸ったり・・・。すると「そこでストップ！」と声をかけます。

　そのような幼稚な振る舞いを、年収一千万円ある人でもやってしまうのです。日ごろは仕事がバリバリできる人でも、いざ女性を目の前にすると緊張するのでしょう。

　仕事一筋で10年くらい彼女がいないと、いったい何を話していいのやらわからなくなるようです。

　男性が40代で、女性が20代後半から30歳くらいだと、どうしてもジェネレーションギャップがあります。

　とにかく、男性会員には髪と洋服、ちょっとした仕草を指導します。

　そして女性に対してレディーファーストを徹底的に叩き込みます。それこそいちいちドアを開けてあげたり、上座に座らせるマナーを教えないと全くできない人が多いのです。

これをやるかやらないかで好感度の差が開きます。

相手のことを1ミリも気にしないタイプの人、オラオラ感を出して威勢よく振る舞ってしまう人は、そういうことが全くできません。

ビジネスにおいて過剰なレディーファーストは下心でもあるのかと疑われますが、いざ婚活においては過剰なくらい紳士然とした方が効果があるものです。

お互いが結婚をしたい意思で来ているわけですから、一生懸命に頑張っても、それはむしろ好感ポイントになります。

ここも賃貸物件に似ているところです。よっぽど新築で好立地にあるならまだしも、世の中に空室は山ほどあるわけです。そこで選んでもらうためには「徹底的に入居者ファーストにすべきですし、入居者をよく知る賃貸仲介の業者としっかりタッグを組む必要性があるのです。

ルックス重視なのは物件も同じ!

検索のときに最重要視するのは写真です。これも賃貸物件と同じですね。

女性会員に多いのは「昔の写真」を使いたがること。とくに30歳を超えると、皆さん20代の写真を持ってきます。

それは物件で例えると、すでに築20年であるにも関わらず、いつまでも新築のときの写真を使っているのと同じです。当然ダメです。

自分が一番輝いていたころのプリクラをスマホで撮り直したり、ひどいのは元カレとのツーショット写真を持ってくる人までいます。たしかに良い笑顔をしていますが、それはあまりにも非常識です。

顔を星マークで隠していたり、「元彼の部分は切って使ってください」と渡されますが、そんな写真など使えるわけがありません。

また最近は30代、40代になっても厚化粧の人は見かけなくなり、皆さんナチュラル志向でメイクをしない女性もいます。しかし、これは男性が髪に何もつけないのと同じです。

肌のシミやしわはスキンケアをしなければいけませんが、アイメイクや眉毛、口紅の色などポイントだけをきっちり押さえておけばいいと思います。物件におけるアクセントクロスと同じです。

中には年上の女性を希望する若い男性会員もいます。

20代の男性が「母親くらいの年齢までなら問題ありません」と普通に希望します。自分の母親より年齢が超えていなければOKという男子がかなりいて、こちらが「ちょっと年上なんですがどうしましょうか？」と確認すると「ぜひ！」とお見合いを望みます。ですから逆にこちらが「大丈夫なんだ！」と驚かされるくらいです。

結婚して、たとえ子供ができなくてもかまわない男性もいます。今はそういう時代のようです。これでは少子高齢化になっても仕方がないなと考えさせられました。

年配のカップル同士よりは、どちらかのパートナーが若ければいいという傾向になってきています。

ですから、20代の男性と40代の女性が互いのニーズさえ合えばカップルになることもあるのです。その逆も当然あります。

それを成し遂げるためにも第一印象が大切です。

これを物件に例えると、和室の部屋を畳の表替えだけではダメです。大理石まで敷かなくても、フローリングにする、あるいはクッションフロアを敷けばよいのです。

クロスも全て張り替える必要はなく、壁一面だけ派手なアクセントクロスにして色を変えるなら2～3万円の費用で済みます。

もしくは蛍光灯からデザイン性のあるシーリングライトに付け替えるだけでも印象が良くなります。

覚えておきたい「メラビアンの法則」

私は結婚相談所に従事していた時に教わった「メラビアンの法則」を意識しています。

アメリカの心理学者アルバート・メラビアンが提唱しているもので、矛盾したメッセージが発せられた時、「人がそれをどのように受け止めるのか」を実験しています。

話している内容、顔の表情、話し方のトーン、それぞれに矛盾するやり取り・・・。例えば「暗い表情で喜びを伝える」などした時に、どの情報をもっとも参考にしたかを計測したところ、言語情報が7％、話し方などの聴覚情報が38％、見た目や表情などの視覚情報が55％という結果となりました。そして「非言語コミュニケーションが大事である」と結論づけられたのです。

第一印象はわずか3秒で決まるといいます。一瞬で会ったときに、3秒間で自分の先入観や経験で、「この人はこのような人なのかな」と自分なりに判断してしまうのです。

入り口の段階で「この人は生理的に嫌だな」と思われてはいけない。そこから挽回するのは大変な労力で、それは男女とも同じです。

いくら若くてかわいい女性であっても、年上の男性に対して、いきなりタメ口で話しかけたり、足を組んでいたりすると、「なんだろうこの人は？」と常識を疑われます。

本来ならば性格が良くて可愛い子なのですが、初対面で態度がぞんざいになると悪印象だけ与えてしまいます。

遊びたいときや盛り上がりたいときなら重宝するけれど、いざ自分の結婚相手となれば、そのようなタイプを敬遠する人もいます。

ですから、とりあえず入り口では見た目の印象を良くすることが大事です。とにかく第一印象がすべてなのです。

最初だけは「よろしくお願いします」と丁寧にお辞儀をするだけでも、清楚な雰囲気が出ます。そして話をした後に、実はすごく明るく活発であったりすると絶対に好印象を抱かれます。「この人は意外に面白い人なんだな！」と後からわかった方が効果的なのです。

清楚で大人しいと思っていた人が、じつはフレンドリーで楽しいタイプなんだなと思われた方が好感を持たれます。

賃貸物件もまったく同じで、条件はぴったりでも、実際に行ってみると、どうもしっくりこないこともあります。それはやはり物件の見た目です。

逆に見た目が良ければ多少条件と違っても「住みたい！」というお客様は多いものです。

結婚相談所から賃貸不動産の業界へ

さて、3年後、私に転機が訪れました。

以前から交友があった不動産のトップ営業マンから誘いを受けました。現状に満足していた私は断りました。

しかし、誘いを受け続ける事1年。次第に不動産というものに惹かれ、不動産業界に行くことを決めました。

結婚相談所の仕事は全く不満がありませんでしたし、むしろ楽しかったです。

それでもご縁があって、三鷹の不動産屋に転職しました。ここは、賃貸・売買・リフォームを行う総合不動産会社です。私はそこで賃貸仲介の営業マンとなりました。

はじめての不動産業界には驚かされることばかりでした。

毎朝朝礼での凄まじい声出しをはじめ、自分から聞かないと何も教えてもらえない超体育会系な環境に戸惑いましたが、夢中で働いて気がついたら一人前になっていました。

初めての業界でしたが働いているスタッフ、マネージャーなど本当に人間力があり、会社が一丸となっていましたので続けることができたのだと今でも思います。

ただし、最初のころはその地域のことがさっぱりわかりません。

今でも忘れられない失敗経験があります。カウンターでお客様に物件を勧める際に「この物件周りにコンビニやスーパーが近所にあり、隣人も私が応対した人が住んでいるので安心ですよ！」と接客したところ、お客様は「穴澤さんのおすすめの物件を是非見たい」と言ってくださいました。

そこで車で案内することになりました。本当は場所すら知らない物件なので、カーナビの設定をしたところ、すかさずお客様から「場所がわからないんですか？」と質問が飛びます。「会社の決まりなんです」と適当な言い訳をして、ヘンな空気の中、現地へ向かいます。

まずいことにナビの案内地に該当の物件が見当たりません。

それは旗竿地で物件が少し奥まった場所にあったからなのですが、新人の私はパニック状態になりました。お客様は当然、不審に思い、その物件は成約に至りませんでした。


慣れれば土地勘や住所を見ただけで大体わかるのですが、新人の私には全く通用しませんでした。それから毎日10件以上の物確（物件確認）を行い、近道や裏道、物件をひたすら覚えて3カ月でほぼ網羅しました。

それからは同じミスはなく、一気に売り上げに反映するようになりました。

京王線で客付け営業のトップ営業マンとなる

三鷹市で2年間勤めた後、中央線エリアから未開拓の京王線沿線に新規出店の立ち上げに携わりました。

不動産屋は新規立ち上げをする際、ほとんどが隣の駅などに出店することが多いです。理由としては商圏を被らせることで立ち上げの手間を省くためです。

今回は距離はそこまで離れていないものの沿線が違います。頭ではわかっていましたが想像を絶する大変さでした。

理由は、そもそも土地勘がないので相場や利便性など何もわかりません。つまりお客様が来店すると、お客様の方が詳しいので恥ずかしい思いをします。

また、物件についても何も知らない状態です。営業マンは価格帯によって決めたい物件など、ものすごい数の物件を頭の引き出しに入れていますが、初めてのエリアでは引き出しは空っぽです。一つずつ物件を見る時間があれば良いのですがそうもいきません。

そして、最大の苦労ポイントとして客付け会社は管理会社と違って、物件を成約した仲介手数料で成り立っています。

当然そのためには物件をネット上に登録して集客をしなければなりません。私がいた店舗では約900件弱の登録をします。

つまり、この900件全て写真を撮り、間取り図を作成して、ポータルサイトに掲載するための登録をしなくてはいけないのです。

日ごろ外を飛び回ってる営業マンからすると、この登録業務ほど心が折れることはありません。オープン準備は半年前からはじめていましたが、それでも終わる気がしませんでした。

しかも記載を間違えてしまったら「誇大広告」になりますし、うっかり賃料を間違えて登録してしまえは営業停止の恐れもあります。つまり、一つのミスも許されないのです。これを乗り越えて始めてオープンする土俵に上がれるわけです。

扱っている物件は単身者からファミリーまで、流通している物件は全てです。会社は事務員さんを入れて8人、そのうち営業は5人です。

グループ会社全体では、営業マンが1000人以上いて、営業成績は東日本で最高2位までいきました。支店でも全店で1位になり、大きな貢献ができました。

アパレル、結婚相談所と畑違いの転職でキャリアもないのに、なぜ営業成績が良かったのか。それは、私が常に「接客」の仕事をしていたからだと思います。

アパレルでは紳士服の販売、結婚相談所では婚活アドバイザーと常に人に向き合って仕事をしてきました。また、洋服であれ結婚であれ、人の生活に欠かせない身近なものです（今は生涯独身の人も増えてはいますが・・・）。

その観点でいえば、「住まい」も生活に欠かせません。

そのような環境の中で、長年接客の仕事を行っており、極めたというとちょっと大げさかもしれませんが、接客には自信があります。

とくに結婚相談所では、「人」と「人」とを結びつける仕事をしてきたわけですが、不動産ではそれが「人」と「物件」に代わっただけです。

しかも物件は「相手が気に入らない！」など文句を言いません（笑）。

それに、婚活で同時に複数と交際することはご法度ですが、物件であれば一人のお客さんに対してたくさん紹介ができます。その人に合ったお部屋を当てはめるだけですから簡単だなと思いました。

ワクワクした気持ちを無くさないために

白岩さんとは、2017年に共通の知人を介して知り合いました。

初めて会ったのは、新宿にある京王プラザホテルのスカイラウンジです。あの上品な雰囲気の中で白岩さんの純粋に仕事を楽しんでいる話や、これからやろうとしている夢を聞いた時、あっという間に心を奪われました。

白岩さんのように自分のやっていること、未来のこと、今やらなくてはいけないことに対し、自信を持って人に伝えられる人は素敵だなと思いましたし、久しぶりにワクワクしました。

不動産業は業務過多になることも多いです。自分自身がなくなり、ただ仕事をこなす毎日を過ごしていた私は、いったい何をやっていたのだろうととても考えました。

そうして、いろいろ話をするなかで、白岩さんから一緒にやろうと誘っていただきました。しかし私は、また同じ不動産業に転職する意味を見出せず、すぐには返事ができませんでした。


その後、1年の時間が経ち、仕事に対して情熱やワクワクする気持ちが失われていました。

生活を変えたい・・・そう考えた時、気がついたら白岩さんに連絡をしていました。白岩さんと話をして素直にこの人と仕事がしたいと思ったのです。

退職する際も社長には正直に仕事に対して情熱とワクワクすることができなくなったと伝えました。

社長は私に格言を教えてくれました。

「一流とは毎日をいかにワクワクしながら仕事ができるか」

これを大切にしていると言われ、本当に良い会社で働くことができたと感謝の念しかありません。円満に退職できて今でも不動産のことで関わりがあり良い関係を築いてます。

こうして1年越しに白岩事務所に迎え入れてもらい今に至ります。

私は皆さんに拾われながら、成長していった人生です。これからもきっと波風は訪れますが、与えられた場で最大の結果を出すように努力していきたいと思います！

皆様どうぞよろしくお願いします。

第2章

元客付けトップ営業マン
だからわかる！
知っておきたい
「業者の本音」

不動産業者には不動産の売買を手掛ける会社もあれば、賃貸物件を手掛ける会社もあります。しかし、その業務内容はまったく違います。前提として、今の時代に賃貸だけで満室を続けるのは、専門業者でない限りまず不可能だということは知っておいてください。

「うちは何でもできます！」というのは、そうとう腕に自信があり、実績を出していない限り、口にすべきではないセリフだと思います。

第2章では賃貸物件にかかわる不動産業者の心理や実務の解説をします。

実際に不動産会社がどのように入居者を募集して、どのような流れで成約に至っているのかを把握してください。

1 募集から内見、契約までの流れ

本書は満室術（空室対策）の内容ですので、読者の皆さんの多くは大家さんだと思います。

地主大家さんなのかサラリーマン大家さんなのか、物件は1棟アパートなのか1棟マンションなのか、区分マンション（マンションの1室を所有する不動産投資）なのか、最近では戸建て投資も人気です。

また物件タイプがシングル向けなのか、築浅なのか築古なのか、ファミリー向けなのか、物件のある場所が都会なのか地方なのか。それによって状況も変わります。

一つ言えることは、どんな場所であっても、満室の物件は満室ですし、常にガラガラで空室で悩まされている物件は常にガラガラなのです。

ここからは、どのように入居者を募集して、成約につなげ、入居いただくのか、その流れと仕組みを解説します。

まず、入居募集の主力はインターネットです。ＣＭでお馴染みの「スーモ」(https://suumo.jp/)「ホームズ」(https://www.homes.co.jp/) など不動産情報サイトがいくつかあります。

多くの入居者はスマホでこうしたサイトを検索して、自分の住みたい物件を探していきます。今ではスマホアプリでも検索できるほど手軽になっています。

気に入った物件があれば問い合わせをして、賃貸仲介の不動産会社に内見の予約を入れます。そして実際に物件を見て、その部屋に住むかどうかを決めます。

物件が気に入ったら入居申込書を出します。この入居申込書を見て、大家さんは入居の可否を決めます。

入居可能となれば保証会社の審査を受けるケースが多いです。従来は保証人を立てるものでしたが、最近では保証会社と契約します。そうすることで万が一の家賃滞納に備えることができる他、退去後の清算、入居後のトラブルまでカバーしいてます。

保証会社の審査に通れば、契約に進みます。大家さんと入居者さんの間で「賃貸借契約」を結びます。不動産の賃貸借契約は、2年毎に更新できる「普通借家契約」と、更新ができない「定期借家契約」があります。

一般的には「普通借家契約」が多いですが、シェアハウスなどは「定期借家契約」にしているケースもあります。定期借家契約は期限付きの賃貸契約で、契約の期間を終えたら更新はできません。更新はできないですが、大家さんと再契約する形で住み続けることはできます。

契約時には、仲介手数料・敷金・礼金・前家賃・火災保険料・保証会社の手数料・その他、鍵の交換費用などの初期費用を支払います。

2 管理会社と客付け会社の違い

さて、一般的にわかりにくいもので不動産会社の種類があります。多くの大家さんは管理会社に物件の管理を委託していると思います。

管理会社の主な業務は以下となります。

●管理会社の業務
・家賃の集金
・契約業務
・入居者の対応
・物件の巡回
・入居募集
・退去立ち合い
・リフォーム手配
・定期清掃

こうして見ると、すべての業務を請け負っているように見えますが、それぞれを外注しています。

例えば、家賃の集金や契約業務は管理会社が行っていても、入居者対応は24時間のコールセンターに委託している。入居募集は客付け会社に依頼する。リフォームは専門の業者に委託しているようなケースです。

わかりにくいのは、管理会社によって客付け会社を兼ねているケース（某大手M社やE社のような客付けに力を入れており、かつ、管理会社も兼ねている）や、地場の業者で多いものでは、建設会社が不動産会社を持っており、売買仲介・賃貸仲介・管理会社を行っている複合型のケースもあります。

このように管理と客付けを兼ねた不動産会社も多くありますが、基本的には管理会社と客付け会社の業務は全く別です。

・管理会社　物件の管理を行う会社
・客付け会社　賃貸仲介を行う会社（入居を決めてくれる業者）

管理会社はあくまで「管理」をする会社であり、「客付け」をする会社ではないのです。つまり、「物件を管理してほしい」のか「空き部屋を埋めてほしい」のかによって対応する会社が違うということです。

新築のように満室状態が続いている物件なら管理を任せればいいでしょうし、空室が目立つ物件なら客付け会社に依頼すべきです。

ただ多くの大家さんは後者の「空き部屋を埋めてほしい」ではないでしょうか。

では、具体的にどうすればいいのか。それが、この本で私が一番伝えたいことになります。

その多くは管理会社が自社で客付けを行う、もしくは、管理会社が客付け会社に入居募集を依頼する形をとっています。


私個人の考えでは、大家さん自らが「客付け会社に依頼」すべきだと考えています。

もちろん、管理会社としっかり相談する必要がありますが、管理会社にまかせていて満室稼働ができず、空室があるならば、管理会社に丸投げするのはやめて、大家さんが動きましょう。

なお、物件の管理を委託せずに大家さん自らが管理を行うことを「自主管理」といいます。

自主管理の大家さんは管理も入居募集も自身で動きますが、「自分でなんでもやる」という意味ではなく、自分で客付け会社に依頼したり、リフォーム業者を手配したりと、管理会社の業務を自分で行うイメージです。

つまり、管理会社に委託しているケースであっても、自主管理であっても「客付け」は必須です。管理会社の影で見えないですが、あなたの物件を決めるために考え、最前線で動いているのは管理会社ではなく客付け会社であることを忘れないでください。

3 客付け会社の敏腕営業マンを探せ！

ここまでで、客付け会社があなたの物件に入居者をつれてきてくれることは理解いただけたと思います。

もちろん、客付け会社が扱う物件は無数にありますから、自分の物件を客付け会社に覚えてもらわないといけません。

そのためにも店長や営業マンを味方につけましょう。通常ならば、あなたが客付け会社へ電話をして訪問するとき、あなたは「お客さん」になります。

お客さん扱いされるとつい「お客さん然」とした態度をとってしまうかもしれませんが、絶対に上から目線にはならないでください。

客付け会社の社員は年齢も若く、女性も多いですが、大家さんが上司のようなスタンスになってはいけません。「自分の物件を早く埋めてほしい」「いい入居者を決めてほしい」という目的があるのですから、なるべく気持ちよく動いてもらえるよう振舞いましょう。

入居がなかなか決まらないからと、怒ったりするのは絶対にNGです。

例えば、物件がある周辺で最寄り駅や近隣のターミナル駅など30社ほどの客付け会社があるとします。

会社によっては前述したように管理会社を兼ねていますが、そうした会社からすると、他の管理会社の物件を優先してくれる可能性は少ないです。

管理会社の優先順位でいうと、優先順位第1位が自社物件（自社が所有する物件）、第2位が管理物件（管理委託を受けている物件）、3位にようやく客付けの依頼を受けている物件となります。

そもそも管理会社の利益は管理委託料が中心となり、リフォームの手配時に手配のための手数料という考え方で、自社の利益を上乗せして大家さんに請求します。

これが客付け会社（管理物件を持たず、もしくは持っていても戸数が少ない会社）になると、客付けをすることが業務となります。つまり、客付け会社の営業マンは、「どれだけ入居を成約させるか」に注力しています。

私自身がこうした客付け営業を行っていました。営業マン同志がライバルであり、成績を競っているわけです。営業成績が良い営業マンもいれば、悪い営業マンもいます。

つまり、あなたが空室を埋めたかったら、入居募集は「客付け会社」に依頼して、営業成績の良い敏腕営業マンに動いてもらうことがポイントとなります。

また、大切なのは「広告料」です。今はインターネット媒体で告知を行います。不動産会社からすると別途広告料がかかります。

そのため、広告料の名目で家賃の1カ月、2カ月といった形で客付け業者に支払います。広告料の相場はエリアによって変わりますが、これも営業マンの成績になりますから、広告料が出る物件、出ない物件では部屋の決まり方に差がつきます。

ここ何年かで「仲介手数料ゼロ円」など、お客様からいただかないのが主流になりつつあります。相場以上に支払う必要はありませんが、相場並みの広告料はしっかり支払うことをおすすめします。

なぜなら、客付会社の営業マンは完全歩合制が多く、固定給が少ないからです。

そのため、広告料が大きい物件は当然魅力があるわけです。

大手ハウスメーカーの物件には広告料がゼロのものもありますが、それは狙い目とは言えません。業界内では「決め物」と呼ばれ、営業マンが決めなくてもお客さんのほうから問い合わせて決める物件になっています。


トップ営業マンは、オーナーさんから依頼をうけた広告料が大きい物件と「レインズ」（不動産の売買情報、賃貸情報が掲載されて業者間ネットワーク）を見て、広告料が大きい物件を見つけているものです。そして頭の中で「この物件で決めたい」という思惑をもって接客しています。

こうして書くと、入居者さんの希望を無視しているように思えるかもしれませんが、入居者の希望に沿った物件で、かつ広告料の出る物件を探していきます。

つまり、できる営業マンは闇雲に広告料がある物件を出すのではなく、自分が紹介したい物件の現地を見に行って、そのメリット・デメリットなど物件の特性をしっかり頭に入れた上で提案しますので、決して上辺だけで選別しているわけではないのです。

また、広告料を支払ってくれる大家さんは「空室を埋めたい」という意思が強いので、人気設備を導入していたり、入居条件の緩和や入居時期について融通が利きます。

これは客付け営業マンからだけでなく、入居者さんから見てもサービスが良いケースが多く、話を持っていきやすいですし、入居者にとってサービスが良いということが多いです。

その結果、入居者さんも喜んでくれて、営業マンとの信頼関係もしっかり構築できます。こうして気に入られるようになると、「次も穴澤さんにお願いしたい」とリピート客になり、知り合いを紹介してもらえたりします。

4 客付け会社の営業マンの思惑とは？

ここで、実際に客付の営業マンが現場でどのような対応をしているのか見ていきましょう。

多くの場合、案内する物件は「3件」です。最初は「当て」と言って、入居希望者が求めるよりも質の悪い物件をあえて紹介します。

例えば、価格を抑えたい人に対して、古くてボロボロの清潔感のない物件を紹介するイメージです。私をはじめ、一部の営業マンは同じ価格でも質の悪い物件を把握しているものです。

そして、次は「中（なか）」という「当て」よりはまともな物件を案内します。それでも、ちょっと落ちるような要素がある物件です。条件は合っているが賃料が予算を超えている、徒歩分数がちょっと遠いなど、あと一歩足りない惜しい物件。ただし予算は越えているが、付加価値がお客様に伝われればその物件で決まることもあります。

最後は「決め」といって、私が特におすすめしたい物件です。お客さんにも「私のおすすめ物件を見てください」と言って紹介します。

これは、自身の情報の中から、その入居者希望者に合った物件をセレクトします。「決め」を見たときの入居希望者の反応は非常にわかりやすいです。「これまでの物件と違うな！」という気持ちが顔と声のトーンに出ています。また、実際に住むことをイメージしてか、寸法を測ったり、ドアを開け閉めします。

その姿を見て、営業マンは「新築もいいですが、僕はこちらの物件のほうがおすすめですね」という話をすると、相手も「そうですね。買うわけじゃないんだし、嫌なら引っ越せばいいいか」と同調します。


今はインターネットの時代なので、賃貸営業の王道ともいえる「当て・中・決め」の営業スタイルは以前よりも通用しないのでは？　と思った人もいるかもしれません。

しかし、実はまったく関係ないのです。

まずお客さんは、インターネットで見つけた物件の内見希望で来ますが、現地待ち合わせを私はやりません。私の場合、まず「鍵の手配があるから」など何かしらの理由をつけて店舗に来てもらうようにします。そこである程度話をしてから、自分がすすめたい物件を一通り紹介します。その反応を見て本格的に営業を仕掛けるかどうかを判断します。


どうしても現地待ち合わせがいいと言われたら、ほかの物件も持って行きます。そして、「仮の手配をしたので見に行きませんか？」と提案するのです。中には、一軒だけ内覧したら「ここでいいです」と言って、すぐに戻ってきて契約から決済までやるお客さんもいますから、そこはお客さんのペースに合わせます。

この手間をかけることで、「当て・中・決め」をご案内できるのです。

基本的には、この「当て」「中」「決め」は本当にその方に合った物件を紹介するためでもあります。複数の物件を見て自分の住みたい物件に気付いてもらうための手段でもあるのです。

5 管理会社に丸投げは危険

客付けが強い管理会社に頼んだら管理がひどかった。また、その逆でしっかり管理をしてくれるけれど、客付けに弱い管理会社もあります。

管理と客付けの両立は難しいと言えます。客付け会社はかなり忙しく、問い合わせを受けて案内をして、そのやりとりをしている間に次のお客さんが来て・・・これではどうしても管理がおろそかになってしまいます。

それが管理会社であれば、物件案内に行くことも接客することもないので、物件に対して時間をかけられるわけです。しかし、管理会社で客付けに強い会社というのはなかなかありません。

理想でいえば自主管理をして、すべてを自分で行うことですが、専業大家さんであればともかく、サラリーマン大家さんでは非現実的でしょう。一般的には管理会社に依頼することになります。では、具体的にはどうすればいいのでしょうか？

賃貸物件の入居募集の際、「マイソク」と呼ばれるチラシを作ります。それをつくってもらったら、データの一部をもらって自分でコピーをして客付け店舗に配りましょう。もちろん、その話は管理会社にしっかりと話を通して許可を得ます。

実際の契約業務や入居後の対応は管理会社にお願いするわけですから、その辺の意思疎通を行うのは大切です。

そのうえで「広告料は決めてくれた仲介業者に払う」という約束をしましょう。そこをいい加減にしている会社は多く、「広告料は1カ月で出せばいいんですね」と口先で約束して、実際に出していないこともあります。

私のもとへ相談に来た大家さんは「広告料2カ月出しています」というのになかなか決まらないと悩んでいました。おかしいと思って「レインズ」で調べたところ、実は広告料がゼロになっていたケースもあります。つまり、管理会社がそのお金をそのまま利益にするつもりだったのです。

自主管理であれば広告料が直接に客付業者に流れるのでわかりやすいです。実際、客付業者にとってもそれが楽なのです。間に管理会社が入ると、正しく情報が伝達されないことが多くあります。

例えば、2月に募集をかけて「学校の都合で3月から入りたい」という入居者候補が出たとします。自主管理であれば、それを大家さんが直接「いいのかダメなのか」判断します。

多くの大家さんは1カ月くらいの期間なら許容するものですが、管理会社に「交渉してもらえませんか?」と聞くと、「確認します」と保留にされたうえに、問い合わせると「ダメだったみたいです」などと言われることも多いです。これは管理会社が面倒くさがっているだけで、大家さんに聞いていないこともありえます。

管理会社のすべてがいい加減で悪質ということはありませんが、黙って丸投げにしていると、見えない部分で実際に何が起きているか把握できませんし、どんどん後回しにされる可能性は多いです。

管理会社を疑ったり、嫌われるほど強く言うのはNGですが、伝えるべきことはしっかり伝えましょう。そして大家さんからその都度確認するクセを身につけましょう。

6 遠隔で不動産投資を行う際に注意すべきこと

ここで、改めて管理会社と客付会社の違いをお伝えすると、客付会社は空室を埋める、管理会社は物件の管理をする。これが明確な違いです。

管理会社の場合、店舗はなく事務所だけというのがほとんどです。中には「客付け系の管理会社」や「地場で管理も仲介もやっています」という会社はあるものの、先ほども話したとおり、実際には客付け会社の場合は管理体制が不十分、管理会社の場合は客付けの体制が不十分で、とても両立するのは困難です。

遠い場所にある地方物件を購入するようなケースでは、管理会社に依頼するしかありません。

例えば、業者に「○月から募集を出してください」と伝えると、そのまま了解の返事が来て終わってしまいます。

その後、レインズに掲載したら証明書が発行されるので、それとマイソクを送ってもらうようにするといいでしょう。その際、自分が指示をした広告料が明示されているかも確認してください。そうしないと後回しにされたり、募集すら出していないことがあります。

ただし、地方だと「レインズ」を使用せずに営業している業者も多いと思います。

地方によっては地場に絶対的な不動産会社があり、そこに依頼しないと決まらないことがあります。

しかも、優先順位があり地主さんの物件から決めていくそうです。たしかに地元に根付いた会社であれば、地元の顧客を大切にするのは理にかなっています。つまり、よそから来た人が投資用で買って依頼するのは厳しいわけです。

したがって、管理会社と関係性をどう築くかがポイントになります。この内容については第5章で解説します。

都会型の場合であれば「レインズ」重視で考えて、「レインズ」が使われていない田舎の場合はパワーバランス（どの会社が強いのか）を見極めたうえで対策を考えるということです。

もしくは管理を中心とした会社ではなく、客付け中心で管理も行っている会社（全国チェーンの不動産会社など）に絞って「決めてくれたら管理もお願いします」というスタンスでいく手もあります。

中には不動産会社の数が少なくて選べない・・・そんなエリアもあります。それでも空室が埋まる物件を購入できればいいですが、客付けに弱く、不動産会社の攻略も難しいとなれば、それはそもそも買ってはいけない物件です。

最低限、大手の仲介業と管理を兼任しているようなチェーン店があるエリアを選ぶべきです（具体的な情報は直接ご相談ください）。

これから地方物件を買おうとしている人は、駅前に不動産会社が何軒あるのかを確認したほうがいいでしょう。田舎だと、その町にいっさい不動産屋が無いところもあるので注意が必要です。

第3章

やってはいけない空室対策

ここ数年の不動産投資ブームでは「収益物件を購入する」ことばかりにフォーカスされ、「物件を埋める」ことがおざなりにされてきています。

また、空室対策についての情報が溢れるほどあるなかで、何が正しく効果があるのかがわからなくなっています。第3章では大家さんがやってしまいがちな、間違った空室対策を紹介しましょう。

1 NGな空室対策① 中途半端なリフォーム

「やってはいけない空室対策」の最たる例は、「中途半端なリフォーム」です。

例えば、和室を洋室に変えるとしましょう。6畳間だったら畳を剥がしてフローリングにするために10万円程度かかります。

ここまでなら普通は行うのですが、それ以外の費用を抑えるため、押入れの引き戸をクローゼットにある扉に変えることはせず、そのままにしているケースが多いです。ただ、ここにお金をかけないと見た目に違和感が出てしまいます。フローリングの洋室といっても古びた押し入れが残っていれば、もともと和室だったことは誰が見てもわかってしまいます。

若い世代の中には、そもそも和室を知らない人もいます。数万円程度であれば、部屋の統一感を出すためにもお金をかけた方が良いでしょう。

加えて言えば、和室を洋室にリフォームしても、キッチンが古くてボロボロであれば、やはりイメージが悪いです。一部がピカピカになった分、古い部分が悪目立ちしてしまいます。

部屋をすべてリフォームして設備もすべて交換となれば、高額な費用がかかりますが、そこのバランスを考えながらも、部屋が与える印象をしっかり考えましょう。

ボロボロのキッチンであれば、システムキッチンは高いですが、探せばガスコンロ設置可タイプのものが4~5万円で見つかります。

ほかにもキッチンをキレイに見せる方法としては、キッチンはそのままで水栓を交換して、扉にダイノックシート(壁やドアなどに貼る化粧フィルムの一種)を貼って、扉の取っ手を交換するやり方もあります。

既存のキッチンを活かすのか、新しいものに交換するのかは、キッチンの状態や予算にもよりますが、ボロボロのままにしておくのは良くありません。

2 NGな空室対策② こだわりすぎた原状回復

そもそも「リフォーム」には種類があり、修繕・原状回復・バリューアップに分かれます。

【リフォームの種類】

・修繕・・・小規模修繕であれば壊れた箇所を直したり取り替えたりします。大規模修繕であれば、建物のメンテナンスとして屋上防水、外壁塗装など大がかりな工事をします。

・原状回復・・・入居者が住んで使用した部屋を元の状態に戻す工事です。

・バリューアップ・・・「入居率を上げる」「家賃を上げる」ことを目的に、元の状態より良くします。

簡単に言えば、修繕は「直す」、原状回復は「元に戻す」、バリューアップは「良くする」ということです。

ありがちな失敗は、その区別を曖昧にして、「とにかく原状回復だけしていればいい」と思い込んでいるケースです。とくに古い物件に関しては、現状の設備にこだわりすぎるのはよくありません。

以前、古くなったバランス釜を交換するときに、また新しいバランス釜を入れようとした大家さんがいました。

たしかに入退去時には「原状回復」を行いますが、あまりに古くてニーズがない設備を「原状回復」したところで意味はありません。

私はユニットにしたほうがいいとアドバイスし、合わせてタイルを替えることも提案しました。

予算的には20万円ほど変わってしまうのですが、先々のことを考えたら投資すべきだと伝えました。今の時代にそぐわない物件で、数カ月も空室になったら、そのほうが収支が悪くなるからです。

ただし、大家さんの事情として、洋室・キッチン・お風呂などすべての部屋・設備でリフォームをしようとすると高額なコストがかかってしまいます。だからこそ二の足を踏んでしまうわけです。

前述したとおり、どこにお金をかけるべきかは判断が本当に難しいものです。

例えば、東京なら百万円単位のコストをかければ、家賃が1万円上がることもあるでしょう。

しかし地方の場合、3000円どころか1000円も上がらない可能性があります。

費用対効果の面では、エリアや需給バランスによって大きく差があるわけです。

だからこそ、その地域のニーズ、費用対効果をしっかり考えてリフォームを行う必要があります。

とはいえ、実際に現場に案内したときの印象から考えて、「決まる部屋」にすることも大切です。

私からの提案としては、部屋の印象が左右されるポイントは特に意識することです。

ドアや引き戸などの建具の交換はお金がかかりますが、替えれば部屋の印象は一新されます。

そこまでコストがかけられないのであれば、部屋の壁の1面だけをデザイン性のあるクロスにする「アクセントクロス」がおすすめです。

もちろん床がボロボロなのに、クロスだけが新品。さらにアクセントクロスにしているのはバランスが悪いので、そこは床も新しくして木部があれば塗装して、そのうえでアクセントクロスを使えば、部屋の印象はぐんとアップします。


ただ、私が見ている限り、こうした話を理解できる大家さんは少ないですし、反応もよくありません。しっかりと信頼関係を築けていれば、管理会社さんに言ってもらったりもします。もしくは近所の大家さんの手法を参考にすることもあるでしょう。

しかし、これが田舎だと、提案してくれる管理会社もないかもしれませんし、近所に大家さんがいなければライバル物件を自分で調べなければなりません。

いずれにせよ、部屋の内覧があったとき、少しでも印象が良くなるようなポイントを作っていくことが大切です。

くれぐれも、漠然とした中途半端なリフォームをするのはやめて「部屋のバランスを考えた」かつ「費用対効果のある」「何年で回収するか」を考えたリフォームを心がけましょう。

3 NGな空室対策③ 居室のみに注力して他を見ない

室内についていえば、入退去があったときに管理会社から連絡があり、原状回復の見積もりが送られてきます。その際に「和室を洋室にしましょう」など次回に向けた提案があるものです。

特に築年数が経過した物件を所有している大家さんは、「部屋は退去のままにしておいて、次の入居が決まったら修繕しよう」とは考えがちです。そうではなく、入居者を迎え入れるために、1日でも早くリフォームするのが最低限必要なことです。

しかし、そこで抜け落ちがちなのは共有部です。マンションであればエントランス。アパートであれば共有廊下や階段。そのほか、ポストまわりやゴミの集積所・駐輪場・駐車場などもしっかりチェックしてください。

部屋ばかりに注力して、そうした共有部を見逃している大家さんは意外にも多いものです。

ここはとくに豪華にする必要はありません。物件のスペックに見合ったものが好ましいですが、まずは「清潔であること」「しっかり管理されていること」を確認しましょう。

ポストからチラシが溢れていないか、ゴミ集積所ではマナーが守られているか。地方でありがちなのは、駐車場が雑草だらけになって、古いタイヤや粗大ゴミが放置されている。駐輪場に使っていないボロボロの自転車が放置されているなどです。

雑草駆除や粗大ゴミの廃棄は料金がかかってしまうものですが、ここは必要経費と考えましょう。

近場であれば大家さんが定期的に巡回するのが良いでしょう、遠方の場合は管理会社か定期清掃を委託している会社にお願いして、共有部の写真を撮って送ってもらいます。

また、部屋の中での注意点は、主要採光面の「窓」です。窓の中でも最も気を付けるべきは「バルコニー側」です。主要採光面の窓は、お客さんが日当たりを確認するため必ず開けます。

そのとき、特に1階の部屋に起こりがちなのですが、窓ぎりぎりまで植木があったり、雑草が生い茂っている場合、虫が入ってきそうという理由から、決まる確率が大きく下がります。

その場合、営業マンによっては、「シャッターが壊れていますね」などと言ってうまくかわして開けないことも多いですが、いずれはバレてしまってクレームや早期退去につながります。

この場合、植栽の剪定ができないのであれば、根本から切ってほしいところです。植物の生命力は強いので、少し放置しておくだけでも、あっという間に悲惨な状況になります。

また、これが大家さんの敷地でなく、隣地の場合はしっかり交渉して枝を切ってもらうか、こちらで切らせてもらう許可をとりましょう。

私が営業マンだった時、どうしても決めたい物件だったら、管理会社にすぐその場で電話をして、切ることができるか確認をしていました。

4 NGな空室対策④　大家意識が強すぎる部屋

最近は大家さん自らが空室対策を行っているケースが多いです。「ステージング」といわれる部屋を新築の分譲マンションのようにモデルルームにすること。また「ウェルカムバスケット」といって、入居者へのプレゼントを部屋の中に置いたり、部屋のアピールポイントをＰＯＰにして貼っています。

これはお客さん目線だと喜んでもらえますが、現場の営業マンから見ると、そこまで重視していません。もちろん、無いよりあったほうが部屋を印象付けやすいですが、ウェルカムバスケットがあるから決まる確率が高まるわけではないと思っています。

こうした大家さんの気配りは、やってはいけないということではありません。むしろ、やるのはいいのですが、そこまでのリターンはないかもしれない・・・という程度です。例えば、内見用にキレイなスリッパがきちんと並べてあれば、特に女性に対しては「きちんと管理されている」という印象を与えられるでしょう。しかし、家賃が見合わないと思われたら決まりません。

また、この際に気をつけてほしいのはスリッパの管理です。メルマガにも書いたのですが、スリッパは100円ショップで購入したものをずっと使っていてはいけません。一度使っただけでも汚れるので、安上がりにするのなら定期的に新調すべきです。

こうした大家さんの空室対策のなかで、やってはいけないのは「大家からの手紙」と「POP」です。

これも、みんながみんなNGということではなく、「大家からの手紙」も女性大家さんがフラワーアレンジメントを置いて、手書きのメッセージを添えておくのは効果的なアピールだと思います。

しかし、同じことを中高年の男性が行っても、入居者から見れば（とくに単身向け物件の場合）、大家さんとの距離が近すぎることはネガティブな要素と思われます。大家さんとの距離感があればあるほど良いでしょう。

POPについていえば、手書きの文字は距離が近く感じられて苦手な入居者もいますし、物理的な問題で時間が経つと粘着力が落ちます。また、色あせてしまいます。床に色あせたゴミ（ＰＯＰ）が落ちているのは、いかにも空室がずっと続いている印象を持たせて逆効果です。

あとはクリスマスやハロウィンなど季節に合わせて部屋を飾り付けて、クリスマスが終わったあともツリーがそのままという場合も印象が悪いです。

もちろん営業マンとしても、そのような印象を抱かせないように、内見の時は注意していますが、きちんと管理できないのであれば、貼ってほしくないと感じてしまいます。

予算や労力の問題もありますが、私の意見としては、空室対策をやるならトコトンすべきだと考えています。つまり、ウェルカムバスケットやスリッパを置くのはいいのですが、使いまわして汚れていたり埃が被っていたら逆効果になってしまうのです。

中途半端な空室対策をすると、大家さんが思っている以上に印象が悪くなりますので気を付けてください。徹底的にできないのであれば無理をせず、とにかく清潔感を大事にすることです。

5 NGな空室対策⑤ 入居者ばかりを見て不動産業者に配慮がない

空室対策をいくらがんばっていても、それが入居希望者だけに向いていると、さまざまなことが円滑にいかないケースがあります。

とくに「管理会社に空室を埋めてくださいと言いながら鍵が現地にない」ということも挙げられます。これは、実は多く見受けられるケースです。

その理由は、自主管理にして現地に鍵を置いてしまうと、トラブルが発生したときのリスクがあるため、また「抜き行為」が発生するのではないかと思われるためです。

抜き行為とは、簡単に言うと他の業者がお願いしている不動産屋を経由せずに大家さんと直接契約する行為のことです（自主管理の場合のみ）。

悪いことではないのですが、部屋ごとに異なる業者ですと契約書の書式や手続きの仕方など業者によって様々あります。やり方が違う分、後にトラブルになることもあります。管理する自信がなければ安請け合いはしない方が良いでしょう。

この場合、大家さんが近所に住んでいることが多いのですが、入居者が決まりそうになると、業者が「今こういうお客さんがいて、もう決めたいと言っているのですが、直接やらせてもらえないですか」と言います。

そうすれば、自分の都合に沿った契約の手続きや交渉ができるようなるので時間の効率が上がります。


また現実には、キーボックスが壊れたのに放置されていたり、窓が開けっぱなしだったりするケースもあります。客付業者が案内したのち、いい加減に鍵を取り扱って紛失してしまった例もあります。

こうしたトラブルを回避するため、近隣にある客付け会社に鍵を預ける大家さんが結構数いるのです。


ただ、それでも鍵を現場に置くべきです。

客付けは時間との闘いなので、鍵を借りて、部屋を案内して、鍵を戻すという作業は非効率ですし、行こうと思ったときに管理会社に連絡がつかなかったら、大損になってしまいます。

ここだけの話ですが、お客様に紹介する前に管理会社へお部屋の空き確認を電話で行うのですが、必ず「鍵は現地対応ですか?」と質問します。もし「鍵取り」と言われた瞬間、積極的に紹介はしない方向に話をもっていきます。

私は今管理する側の仕事もしておりますが、毎回鍵の所在は現地にあるか聞かれます。それほど内見時に鍵が現地にあるのかは大事なポイントだと考えられます。

昔だったら仲介業者のもとを入居候補者が訪れて相談し、見積もりを出して決めるという流れでしたが、今はインターネットで検索してピンポイントで来店します。

そのとき、問い合わせ物件に対する反応が芳しくなかったら、条件に近い物件を紹介するわけです。

ですので、その段階で候補から外れてしまうのは、あまりにもったいないと思います。

第4章

2000件の物件を埋めた経験！
空室を埋める
“これだけ”3ステップ

第４章では実際にあなたの空室の状態をチェックして、どのように空室対策をしていけばいいのか具体的なノウハウをお伝えします。

私の前職は客付け営業マンでした。来る日も来る日も物件を埋める日々で、夜も眠れないほどの環境です。

そんな私の経験を活かした空室対策の中から「すぐに効果を発揮できる」と思える3つの対策をお伝えします。

空室を埋めるためには努力が必要ですが、コツさえつかんでしまえば、そこまで大変ではありません。

ぜひ、私の経験を使っていただき、すぐに空室対策をはじめてください。

穴澤康弘の空室対策セルフチェック診断

【あなたの物件の状況を教えてください】　　　最低限必要なディフェンス

NO	✓	状　況
1		築年数が35年以上経過している
2		ここ10年以上外壁のメンテナンスをしていない
3		洗濯機置場が室外にある
4		室内に和室がある
5		設備が古い（耐久年数がだいぶ経過しているものが多くある）
6		お風呂場がユニットタイプではなく、浴槽を設置するタイプのものを使用している
7		部屋の中が昼間でも薄暗い
8		臭いがある（カビが混ざった独特の臭い、配管の臭い）
9		インターホンがない
10		駐車場・自転車置き場がない
11		徒歩3分圏内にコンビニ・ドラックストアがない
12		最寄りの駅まで15分以上ある
13		同じ敷地内に住んでいる（オーナー宅と隣接している、もしくは賃貸併用住宅）
14		室内の壁がクロスではなく砂壁、もしくは塗り壁
15		客付け会社が昔からの付き合い1社のみで任せきりである（自主管理の場合）
16		広告料は、礼金のみで他には出していない
17		鍵を物件に設置しておらず自宅、もしくは不動産会社に預けている
18		何度か賃料や敷金礼金の見直し提案をされたが応じていない
19		空室期間が半年以上の空いているお部屋がある
20		空室であることに対してあまり気にしていない

20項目の中で何個✓がありましたか?
1と2に✓が付いた方はきっとほかの項目も半数以上✓が付いたと思います。正直なところ1〜10に5個以上✓がついており、空室があれば早急に対処が必要です。
※ただし対処といっても費用がかかるものなので全部とは言いません。工務店や管理会社の担当者と相談しながら返済計画のもと、現実的なプランを立てましょう。
15〜20に✓が付いている場合、すぐに改善できる内容です。

【今日から出来る満室への段取り】　　　自ら行動するオフェンス

NO	✓	段取りリスト
1		お願いする不動産屋を増やしてみる（※自主管理の場合）
2		広告料を増やす（空けておくより1日でも早く決まれば多く出しても損はないです）
3		募集条件（属性）の見直し（例、生活保護や高齢者の受け入れ体制）
4		初期費用の見直し（礼金0にする、初月のみフリーレントなど）
5		ペット可にする（別途他の入居者の承諾が必要になりますがとても効果的です）
6		モニター付きインターホンにする（オートロックがない分の防犯措置で効果はあります）
7		玄関に「清掃済」という紙を置く（紙自体が折れてたり汚れていたら替えること）
8		水回りの臭い防止のため水を流す（トイレ、お風呂、キッチン、洗面台）
9		電気が通電していなければすぐに手続きをする（お客様内見のため）
10		1カ月間のキャンペーン（特典など）をやってみる
11		キレイなスリッパを置く（すでに置いてある場合はスリッパの状態をチェック）
12		自分の物件がネット上にどのように出ているかチェック。そして掲載内容に相違がないかまで見ること。その後、管理会社の担当者に連絡して「何で決まらないのか?」と聞くのではなく「どうしたら決まるのか?」と聞き方を変えてください。

挙げればまだまだありますし、物件によって戦略は様々ですが上記の項目は共通して必要なこととして紹介しました。12番は特に大事なところで営業にも通ずるのです。人に聞くときはネガティブな意見にはネガティブな答えしか帰ってきません。相手にポジティブに解釈できる聞き方をすれば返答はポジティブな意見が返ってきます。ポジティブな提案ができれば営業マンの頭にも残りますし、物件を紹介する回数が必ず増えます。

STEP 1 調査・・・物件を見直す

まずは、自身の物件について「なぜ空室が続いているのか」を検証します。

こちらは、前ページにある「空室対策セルフチェック診断」の内容ですが、本章では各項目について解説します。

【あなたの物件の状況を教えてください】

① 築年数が35年以上経過している

新築、築浅の物件に比べて築古物件はどうしても不人気です。

また築浅物件の定義も変わってきています。かつての築浅物件といえば、1〜10年でしたが、消費者の目線でポータルサイトの検索条件欄を見ると、今は「築1〜5年」とされています。

築6年目から30年程度までが、中古物件という位置づけです。そして、築30年を超えると築古物件とされます。とくに築35年を超えると入居者にとって「古い物件」という印象が強くなります。

できれば老朽化してボロボロになる前に大規模修繕を行いたいところです。しかし、それには多額のコストがかかります。

② ここ10年以上外壁のメンテナンスをしていない

外壁や屋上のメンテナンスは見た目の問題もありますが、建物の性能を維持するためにも行う必要があります。屋上防水、外壁塗装は修繕の中でも金額がかさむものです。木造アパートであればそこまでではありませんが、1棟マンションとなれば何百万円、大型物件ともなれば1000万円単位の費用がかかる可能性もあります。

③ 洗濯機置場が室外にある

築古物件にありがちです。室内に洗濯機置き場がない物件は単身向けであっても避けられる傾向にあります。室内にスペースがあれば、室内洗濯機置き場を新規設置することをおすすめします。

④ 室内に和室がある

こちらも③と同様に築古物件にありがちです。３ＬＤＫの物件で一部屋だけ和室という程度であればいいですが、単身向けの１ｋで和室のケースや、昭和の物件で細かな和室だけが数部屋あるような間取りでは、魅力のない古びた物件として敬遠されます。

和室から洋室へリフォームすることをおすすめします。

⑤ 設備が古い（耐久年数がだいぶ経過しているものが多くある）

キッチンや独立洗面台などが古くて汚い状態であれば新しいものに交換するか、もしくは水栓を交換したり、収納具の扉にダイノックシートを貼るなどして、使い勝手、見栄えを良くしていきましょう。

水栓を交換する際は安価なプラスチック製ではなくて、ステンレス製など金属製の商品の方が高級感があり劣化もしにくいのでおすすめです。

キッチン（システムキッチンではなくブロックキッチン）、洗面台は以外と10万円以下で購入することができます。

⑥お風呂場がユニットタイプではなく、浴槽を設置するタイプのものを使用している

最近の物件であればユニットタイプのものが多いですが、古い物件では浴槽を設置するタイプで、バランス釜といわれる旧式のお風呂が設置されているものがあります。

このタイプのお風呂は入居者からかなり不人気です。費用はかかってしまいますが、給湯式にかえてユニットバスを設置することをおすすめします。

⑦部屋の中が昼間でも薄暗い

北向きや建物に囲まれて部屋が暗い場合は、明るめのシーリングライトを設置しましょう。照明のスイッチは常にオンにして、内見の際、ブレーカーを上げたら部屋のすべての照明が付くようにします。それだけでも印象が変わります。

また、植栽や隣家の木などの影響で部屋が薄暗い場合は剪定をします。可能であれば根本から切ってしまった方がいいでしょう。

⑧臭いがある（カビが混ざった独特の臭い、配管の臭い）

部屋に入って臭いを感じるときは、何が原因なのか確認しましょう。空気がこもっているような臭いであれば、窓をあけて換気をします。配管からの臭いであれば、水を流します（水は定期的に流さないと同じことが起こります）。生活臭が残っているようであれば、よく換気をした後に消臭剤を設置します。

⑨インターホンがない

最近はセキュリティへの意識が高まっています。オートロックでなくても、モニター付きインターホンがあれば、誰が訪ねてきたのかわかります。インターホンがない場合は、モニター付きインターホンを設置しましょう。

古いチャイムやブザーが設置されていれば、配線を活かせるので設置は容易で、そこまで費用はかかりません。

⑩駐車場・自転車置き場がない

都会型の物件の場合、駅から徒歩5分内の物件であれば、そこまで影響しませんが、駅から10分も離れると自転車置き場は必須です。敷地にスペースがあれば、駐輪場を新たに作ることをおすすめします。

郊外や地方の物件であれば、駐車場は絶対条件です。駐車場がなければ、近隣でどこに駐車場があるのか確認、もしくは近隣で必要台数を借りることができないか管理会社に相談しましょう。

⑪ 徒歩3分圏内にコンビニ・ドラックストアがない

コンビニ・ドラックストア・スーパーといった生活利便施設は、入居者にとっても関心が高いです。

私自身、以前に駅から20分のところに住んでいた時がありました。近隣には何もなく、帰りの道中で買い物をして帰宅をしていました。

最初はあまり気にならなかったですが、やはり荷物を持って家路に着くのは次第にストレスを感じるようになりました。

さらに近隣にない分だけ一度に買い物する量も多くなり大変な思いをしました。女性でしたら尚更大変に感じるでしょう。

最低でもコンビニがないと住み心地にも影響が出て、長期で住んでもらえない原因になることもあります。この場合、ネットで買い物するケースが多いです。宅配ＢＯＸの設置を検討してみてください。今では数万円からあります。

⑫最寄りの駅まで15分以上ある

駅まで距離がある場合は、家賃を下げて「割安な物件」をアピールします。他にも初期費用を抑えたり差別化をはかる方法もあります。何かメリットを付けてあげることが大切です。

⑬同じ敷地内に住んでいる（オーナー宅と隣接している、もしくは賃貸併用住宅）

同じ敷地内に大家さんが住んでいることは、入居者によっては「安心感がある」と好意的に捉えますが、単身者などは「距離が近くて煩わしい」と感じるケースがあります。

後者のタイプであれば、オーナー宅との玄関が隣接していることはマイナス要素です。植栽などでなるべく顔を合わせなくて済むような工夫をしましょう。

また、入居者に対して気軽に話しかけたり、生活を詮索しているように思われる態度（挨拶ついでに「今日も帰りが遅いね」などと話かける行為）は慎みましょう。

⑭室内の壁がクロスではなく砂壁、もしくは塗り壁

古くなった砂壁はポロポロと砂が落ちて部屋が汚れやすいです。また古い塗り壁も変色して汚らしく見えます。できればクロス（壁紙）に交換しましょう。

⑮客付け会社が昔からの付き合い1社のみで任せきりである（自主管理の場合）

1社だけに客付けをお願いして、それで満室稼働しているのであれば問題ありませんが、そうでなければ、なるべく多くの会社に客付けを依頼します。

⑯広告料は、礼金のみで他には出していない

敷金・礼金を各1カ月ずつとっているケースで、「礼金を不動産会社に広告料として渡している」という大家さんは多いと思います。

広告料は地域によって相場がありますので、そのエリアの相場に合わせた金額を支

払いましょう。駅から遠いなどマイナス要素のある物件については、物件の差別化という意味であえて相場より多く出してあげるのも選択肢の一つです。

地方によっては多額の広告料がかかる場合もありますが、そうであっても、広告料は支払うべきです。

そもそも、多額の広告料を支払わなければ埋まらないエリアは需給バランスが崩れています。購入前に広告料の相場をヒアリングして、何カ月も出さなければ決まらないようであれば、そのエリアは避けるべきです。

⑰鍵を物件に設置しておらず自宅、もしくは不動産会社に預けている

物件にキーボックスを設置して、鍵のやりとりにかかる労力を減らします。

⑱何度か賃料や敷金礼金の見直し提案をされたが応じていない

管理会社と相談して、訂正家賃や募集条件を検討します。意味もなく提案することはないので理由や根拠を聞いてみてください。

⑲空室期間が半年以上も空いているお部屋がある

なんらかの問題があります。なぜ空いているのか検証します。遠方の物件であっても空室が続く場合は現地に行ってみましょう。

⑳空室であることに対してあまり気にしていない

空室が続くことに対して危機感を持ちましょう。

本当に不思議なもので、気にかけると突然に内見依頼が入ったり、賃料を下げてみようと考えていると申し込みが入ったりすることがあります。スピリチュアルな話ですが私自身何度も経験しています。

STEP 2 募集開始の前に・・・条件を見直す

原因を見つけて改善を行うのも重要ですが、空室対策の要ともいえるのが、募集対象や募集条件（賃料・条件）をしっかり設定することです。

とくにSTEP1の1から14の項目にチェックがついており、改善が難しい場合（立地的なハンデがある。リフォームを行う資金がない）には、募集対象の間口を広げることを検討します。これから3つのポイントで解説していきます。

【ポイント1】募集対象を広げる

・ペット
・外国籍
・水商売・フリーターなど
・高齢者
・生活保護受給者
・ワンルームに複数人入居
・事務所利用

簡単に言えば、他の大家さんが「不可」としている条件を「可」にすることです。

とくにペット可物件は供給数が少なく、別途他の入居者の承諾が必要になりますがとても効果的です。

高齢者についていえば「孤独死保険」もありますし、「外国籍」「生活保護受給者」であっても加入できる家賃保証会社もあり、リスクヘッジをすることができます。

続いて、募集条件を決めます。募集条件を決定する上でもっとも大切なのは賃料決定です。

【ポイント2】賃料の決め方

ここでは、どのように賃料や募集条件を決めればいいのか、その手順をお伝えします。

①近隣のライバル物件を調査

賃貸物件のポータルサイトを使って、対象物件と同エリアで同種同規模のものを検索します。

そしてライバル物件の賃料、募集条件と自身の物件の間にどんな差があるか（掲載されている写真の枚数や見栄えまで）チェックしましょう。

ライバル物件と比較する際には、ポータルサイトが提示する設備項目をどれくらい満たしているのか確認しましょう。そして、ライバル物件より「お得」「魅力的」な要素を作ります。

② 客付け会社にヒアリング

インターネットでの情報検索は家でもできますし手軽です。しかし、ポータルサイトに掲載されている物件は「あくまで入居募集中の部屋」であり、現状で空室です。大切なのは、どんな物件が成約しているかということです。そのため、客付け会社へのヒアリングは欠かせません。

確認するのは、やはりライバル物件の募集条件で、どのような条件でどのようなお部屋が決まっているのか、自分の募集条件は適切なのかをなるべく具体的に聞きましょう。ヒアリングは1箇所ではなく2箇所以上聞くこと。病院と同じでセカンドオピニオンやサードオピニオンがあるのと同じ考え方です。自分で納得するまで聞いてみましょう。

③部屋の競争力を数値化する

情報を集めたら賃料を決めます。

一般的に賃貸物件は1階ではなく2階以上の方が人気があります。そのため基準となる家賃を決めたら、1階はマイナス2000円、角部屋はプラス1000円といったように値付けをしていきます。

その際には数字（家賃）にしっかり根拠を持たせましょう。やってはいけないのは漠然と家賃を決めてしまうことです（ローンの残債やリフォーム、税金まで想定して決めましょう）。

④賃料／共益費の配分を決める

基準となる賃料を決める際には、家賃と共益費の配分も大切です。

たとえば、同じ賃料が6万3000円の場合でも「賃料6万1000円／共益費2000円」「賃料6万円／共益費3000円」「賃料5万9000円／共益費4000円」といったケースです。

ネット検索の際に賃料を基準する人は多いので、安めにすることで5万円台の部屋を探している入居希望者を取り込むことができますし、6万円代なのか5万円代なのかで心理的にも安く感じさせる効果はあります（視覚的戦略）。

共益費の相場もエリアによって変わりますので、その辺もライバル物件との兼ね合いで、少しでもお得に見えるよう工夫しましょう。

⑤ 管理会社に確認

決めた賃料や募集条件については必ず管理会社に相談しましょう。できれば、管理会社の意見を取り入れながら決めていくことで、管理会社との信頼関係を強めることができます。

最後に、他の物件と差をつけやすいポイントとして、「初期費用のかからない物件」に人気が集まっています。

むやみに安くすればいいものではありませんが、入居者にとって金銭的負担が少ないほど選ばれやすくなりますので、以下を参考にしてお得な募集条件を設定してみましょう。

【ポイント3】少しのプラス募集条件でお得感を出す

・敷金・礼金ゼロ
・仲介手数料ゼロ
・フリーレント（家賃無料期間の設定）
・期間限定キャンペーン
・火災保険料の無料（大家負担）

敷金を無料にすることを嫌がる大家さんも多くいるかとは思います。

しかし、現在では退去時清掃代金という名目で、敷金の代わりに別途初期費用で受領しますので清掃代が払われないなどの事態にはなりません。

また、保証会社や契約書の特約にも清掃代に関しての差額分は借主負担と条文を追記するのも一般的になっています（原状回復については紛争防止条例のガイドラインに沿ったものです）。

なお、原状回復の基準となる東京都都市整備局「紛争防止条例のガイドライン」は以下よりダウンロードができます。いわゆる「東京ルール」と呼ばれる基準ですが、全国的に見てもほぼ同様の内容となっています。

http://www.toshiseibi.metro.tokyo.jp/juutaku_seisaku/tintai/310-4-jyuutaku.htm

STEP 3 周知（宣伝）・・・募集を見直す

いかに良い物件であってもしっかり周知（対象への宣伝）されなければ意味がありません。

物件を見直し、募集条件の見直しを行ったら、最後は募集の仕方です。

大家さんとしてできるのは「しっかり周知されているか」の確認です。

基本的なことばかりですが、管理会社に丸投げした結果、きちんと周知されていないケースもありがちなので、必ずチェックしてください。もしかしたら広告掲載不可といって客付け業者に募集させていないかもしれません（管理会社が把握できなくなることを警戒しての判断）。

検索の仕方ですが、「物件名＋地域」というキーワードで検索します。

そして、検索上位に表示されたポータルサイトで自身の物件が掲載されているか確認しましょう。その際に掲載内容に相違がないかまで見ることが大切です。

また、検索上位のサイトに掲載がされていない場合は、管理会社に連絡をして掲載をお願いしましょう。

ただし、注意点として広告掲載には思った以上の費用がかかります。

ですから、お願いする上で最も意識して欲しいことは、ただ掲載して欲しいというのではなく、向こうからあなたの物件を掲載したいと思わせるようなメリットのある物件にする必要があります。

私の経験上、うまくいくケースの代表は広告費の積み増しが一番効果的です。

参考までに以下に主要サイトを紹介いたします。

【主なポータルサイト】

・スーモ　https://suumo.jp/kanto/
・ホームズ　https://www.homes.co.jp/
・アットホーム　https://www.athome.co.jp
・いい部屋ネット　http://www.eheya.net/

今ではキャッシュバックを売りにしているポータルサイト「スモッカ」（https://smocca.jp/）も人気を集めています。

掲載時の注意点では、写真映えが重要です。「インスタ映え」ではないですが、今はインターネット検索で、「この物件に住みたい」とピンポイントで指定されるお客様も多いです。

基本的に写真は管理会社が用意して流用可能にするケースもありますが、それだとネット上に同じ写真の同じ物件が乱立してしまい、エンドユーザーから避けられることもあります。

そこで客付け業者は自分たちが撮影した写真で勝負します。店舗によっては何十万円もする一眼レフで撮影していますので、とてもキレイに演出できます。

もし自身の物件写真がそうでなければ、管理会社に相談する必要があります。

【物件写真ポイント】

・広角レンズで部屋を広く見せる
・日中明るい時間に撮影
・写真は20枚〜25枚以上は必ず掲載する（ポータルサイトによっては枚数に制限があります）。

写真掲載の注意点として、枚数は撮れているが同じような写真ばかり、外観ばかりで室内の写真がほとんどないのはＮＧです。室内、外がバランスよく撮影されているのが望ましいです。

エントランスやゴミ置き場、自転車置き場といった共有部、近隣の利便施設も掲載するとより良い印象になります。

第5章

ずっと満室を続ける大家になる管理のコツ

第5章では、空室対策を行った後、どうすれば長期にわたって入居してもらえるのかという「管理運営のコツ」について紹介します。

敷金礼金が2カ月ずつとれていたような昔とは違い、今は入退去に伴う出費が大きいです。

それだけに、いかに「満室」を長く続かせるのかがポイントとなります。

特にこの「管理」は、なかなか不動産業者さんはやってくれませんので注意が必要です。

なぜなら、彼らは「空室ができないと商売にならない」からです。ですので、ここが大家さんの腕の見せ所となるのです。

1 満室のときは入居者に還元する

管理運営のコツとして、満室経営ができているときは、なるべく入居者にサービスを還元した方がいいでしょう。

これは大前提となる考え方ですが、退去されると、リフォームや広告にお金がかかりますし、客付の独力もしなければなりません。

これが、ずっと入居してもらえていれば、その手間はかからないわけなので、なるべく長く住んでもらえる工夫をすべきです。そして、居心地が良い住まいだと思ってもらえるようにします。

たとえば、共用部の掃除を徹底的にするのもいいでしょう。

ある程度コストがかかりますが、宅配ボックスを設置するなど利便性の高い人気設備を導入することは入居者に喜ばれます。

また、長期入居されている入居者さんにサービスとして、「エアコンの清掃や交換」

「ハウスクリーニング」を行うのも効果的です。

古くなったエアコンが故障した場合、迅速に修理・交換する必要があります。緊急性が高くなればなるほど価格が高くなりますので、エアコンが安い時期にあらかじめ交換してしまった方が入居者に喜ばれますし、長い目で見れば大家さんにとってもお得です。

ハウスクリーニングは、キッチンやバスルームなど水回りのプロ清掃をプレゼントします。これは単身物件ではなくファミリー物件で好評なサービスです。

また、私が個人的におすすめするのは、「更新時のサービス」です。

多くの場合、更新時に退去されることが多いので、「更新料をもらわない」「更新時期を早めに伝える」というのも一手です。

更新時期を早めに伝えるのは常に有効で、私は2カ月前に管理会社から電話をしてもらう、もしくは自分から電話しています。「そろそろ更新の時期なのですが、この物件は人気があってすぐに決まってしまうので・・・」など、退去することがもったいないと思わせるのが狙いです。

その際に「更新料はサービスします」と告げれば、更新してもらえる確率はぐっと高まります。

もしくは、「早割」という制度をつくってもいいかもしれません。「早めに更新を決めたら○○をサービス」とか「更新料半額」というキャンペーンをするのです。基本、更新料は大家さんと管理会社で折半だと思うので、これは実現可能だと思います。

2 管理会社と良好な関係を保つコツ

入居募集で頼りになるのは客付け会社ですが、満室経営のパートナーとなるのは管理会社です。そのため管理会社と良好な信頼関係を築くことが大切です。

多くの大家さんが抱える悩みに「管理会社の不満」があります。よくあるのが「動きが遅い」「きちんと報告がない」「やりとりが煩雑」というものです。

「動きが遅い」というのは発注したリフォームがなかなか行われていなかったり、クレームが出た案件に対して対応がされていなかったりなどです。

それに付随して「きちんと報告がない」というのもありがちな不満です。とくに遠隔大家さんの場合、現地での状況が確認できませんから、管理会社の報告だけが頼りです。その部分をいい加減にされると不信感が募ります。

「やりとりが煩雑」というのは大手の管理会社でありがちなことです。

賃貸管理の部門とリフォーム部門が分かれている会社では、別々の担当者がついて両者に情報共有がされておらず、同じような用件で何度も電話が来るケースがあります。

専業大家さんであれば対応は可能ですが、これがサラリーマン大家さんでは大きな負担となります。

こうした不満については、しっかり自分の意見を伝えるべきです。

ここで何も言わず黙っていると、対応はひどくなる一方です。「この大家さんは適当にあしらっても大丈夫だな」と思われたら終わりなので、あなどられない工夫を大家さんもすべきです。

不満があったらきちんと伝え、「この大家さんは、しっかり対応しなければ」と思わせたほうがいいでしょう。

たとえば、退去の立会いのときも、「分かりました、よろしくお願いします」ではなく、「退去の立会いは何日になりましたか？　リフォームはいつから入りますか？」などと具体的に期日を確認する習慣をつけましょう。

期日を決めることで、言い訳はできなくなるので、そのとき何か漏れがあっても次からはきちんと対応してくれるはずです。

その際に肝心なのは「怒らない」ということです。感情を露わにしてしまうと、悪印象を与えてしまいます。

横柄な態度をとると、「では管理会社を変えればいいのではないでしょうか」と言われてしまうこともあります。もしくは、口先だけ「わかりました」と言って動かない・・・というのもありがちです。

また、とにかく粘着質で、しつこく接するのも管理会社から嫌われるパターンです。

管理会社のやりとりは、基本メールが多いと聞きますが、地方の管理会社はまだＦＡＸと電話でやりとりする場合もあります。この場合も電話は短く済ませるべきです。話が長くなると面倒な人だと思われてしまうので注意が必要です。

お願いするにあたって、すべてのことを丸投げしようとすると悪印象を与えてしまいます。一種の礼儀として自分が実務を担うのも大切な考え方です。

とはいえ、このあたりの話は管理会社によって差が大きいと言えます。

気前がよく、何でもやってくれる管理会社もあれば、こちらから言わないと面倒がって対応してくれない管理会社もあります。

ですから、まず自分が頼んでいる管理会社がどういうタイプか把握したうえで、あまりにも対応が悪ければ、管理会社を変えることを検討しましょう。

いずれにせよ、管理会社と信頼関係を築くためには、上から目線でもダメですし、逆に軽くあしらわれるのもよくありません。バランスの良い関係を構築できるように大家さんも努力しましょう。

3
遠隔大家さんは管理会社とどう付き合うべきか？

東京に住みながら地方に物件を所有する・・・というパターンも多くあります。

遠方であれば、気軽に出向くことができませんから、管理会社との付き合い方はより慎重にすべきです。

空室があれば当然ですが、満室であっても定期的に顔を出します。毎月ではなくて、3カ月一回、半年に一回など自分にとって無理のないサイクルを決めるのが良いでしょう。

できれば、物件名を言えば大家さんの顔を思い浮かべてもらえるような関係性を目指します。

また前述したように、すべてを丸投げするのは厳禁です。

良心的な管理会社ではありえないことですが、入退去に伴う原状回復工事をやってもいないのに請求したり、本来であれば入居者の過失なのに大家さんの負担になっていたり、大家さんにとって不利な状況になっているケースも見受けられます。

リフォームの見積もりが届いたら必ず内容を精査して、工事前・工事後の写真を送ってもらうようにしましょう。

また、地方のリスクとして不動産会社の数が少ない、その地方独特の慣習がある・・・ということがあげられます。

それはどういうことかと言えば、管理会社に不満があった場合、ある程度会社の数があれば、管理会社の変更も容易です。

しかし軒数が少なければ、代わりの管理会社がありませんから、トラブルが起こった際には、管理会社の方から「もう管理をお受けできません」と三下り半を突き付けられてしまう可能性があります。

その他、客付けについても特定の地場の業者が力を持っており、「この会社に頼まなければ入居がつかない」といったケースもあります。

その地場の会社が、「地元の大家さんを優先して、よそ者である都会のサラリーマン大家さんを後回しにすることもよくあります。

こういったリスクを避けるため、投資エリアを選択する際には、物件だけでなく不動産会社の状況をもリサーチすることをおすすめします。

第2部

空室対策としての「旅館アパート」

第2部は、白岩貢が担当します。

ここでは「アパートを旅館として使う」という、新しい考え方についてお伝えしていきます。

多くのアパート・マンションが空室で苦しんでいるなか、ほぼ満室稼働している物件があります。それは私がプロデュースした「旅館アパート」です。

戸建てや小ぶりなアパートを旅館として運営する新しい賃貸経営のやり方です。

第1章

「究極」の空室対策とは？

ガラガラなアパートを高稼働に変える秘策・・・それは旅館アパートです。

少子高齢化の日本において、従来型の賃貸経営では今後ますます空室は増えていくばかり。

これまでのアパート経営の常識が、通用しない時代がやってきたのです。

そこで私は、根本的な発想を変えて、増加し続ける訪日外国人に向けた部屋の提供を行っています。

たとえ同じ部屋であっても稼働率はもちろん、稼ぎ出せる額がまったく変わるのです。

これまで、３６０棟のアパートをサポートして満室にしてきた経験から考えても、この考えに辿り着いた時、賃貸経営の転換期到来だと確信しました。

1 地方アパート・マンション投資の落とし穴

ここ数年間の不動産投資ブームは、新築シェアハウス「かぼちゃの馬車」を販売・運営するスマートデイズ社の破綻によって一気に収束しました。

私自身も都内でシェアハウスを手掛けていたためよくわかりますが、土地の高い23区で合法シェアハウスである「寄宿舎」を建てるとなれば高収益は見込めません。

数年前に「かぼちゃの馬車」の悪い噂を聞くようになり、興味を持って検索してみたところ、公式ホームページに驚くほど膨大な数の空室状況が掲載されていました。そのほどんどが全空、良くても2割程度の入居率で、この会社は早々に破綻するのではないかと懸念したものです。

結局、悪い予感は当たるわけですが、購入してしまったサラリーマン大家さんも今まさに破綻の危機に瀕しているのではないでしょうか。

表立ってトラブルになっているのは「かぼちゃの馬車」や「レオパレス」ですが、そこまで騒ぎにはなっていないものの、不動産投資に失敗して苦しむ大家さんが増えています。

過去の不動産投資ブームは、供給側の都合によってお膳立てされたものです。日銀の黒田総裁がアベノミクスの一環として、デフレ脱却を目指して行った金利政策のことは「黒田バズーカ」と呼ばれていますが、具体的にいうと、第一弾が2013年4月の「量的・質的金融緩和」、第二弾は2014年10月の「量的・質的金融緩和の拡大」、第三弾は2016年1月の「マイナス金利付き量的・質的金融緩和」です。

その影響を受けた金融機関が貸出先に困っていたところ、目をつけたのが相続税対策に困る地主さんやサラリーマン大家さんだったのです。

サラリーマン大家さんの中には、「地主がカモにされている」という認識を持っている方もいるようですが、私に言わせれば、サラリーマン大家も地主もどちらもカモです。

2 買うべきでない物件を買ってしまった大家さんたち

私の元へは二代目大家さんやサラリーマン大家さんなど、多くの方が相談にいらっしゃいます。

ここ数年目立つのは「やってしまった大家さん」です。簡単にいうと、買うべきでない物件を購入して困っている大家さんです。

どんな物件かといえば、「空室が埋まらない物件」です。

スルガ銀行のカーテンスキーム（空室にカーテンを設置して入居しているように見せる不正）ではないですが、購入したとたんに複数の退去があり、その後、まったく埋まらないという状況です。

「自己資金0」

「サラリーマンをリタイヤ」

「不労所得」

などといった耳障りの良い甘言に惹かれ、空室が続くようなダメ物件を買ってしまうのは自業自得ともいえますが、サラリーマンの皆さんは焦りすぎているようにも思います。

よく10億円以上の投資規模や資産を目指されている方もいますが、それは本当に必要なのでしょうか。

本当に価値のある物件を1棟でも、2棟でも持てたら、それで十分なのではないでしょうか。

話を聞くと2億円、3億円といった大きな金額を借りてしまった人も多いです。

第2章のコラムで紹介する斉藤さんご夫妻は、30代前半という若さで2億円の借金を背負って苦しみぬいています。

金銭感覚が麻痺してしまい、投資におけるハイレバレッジを「当たり前のこと」と受け入れてしまった結果です。

年収こそ高いけれど、まったく貯金のない人が安易に不動産投資へ手を出してしまったら、どんなことが起こるのでしょうか。

賃貸経営など設備が壊れたり、退去でリフォームやクリーニングの発生で、急な出費や空室損が出るのは日常茶飯事です。それに一度でも退去をされたら、家賃を下げて広告料を積んで募集をするのもよくあることです。

第1部で穴澤さんが解説したように空室を埋めるのは容易ではありません。

彼は東京の世田谷区を中心に営業をしていましたが、全国を見渡せば東京の世田谷よりも厳しいエリアばかりです。

賃貸ニーズの少ない地方にある、ガラガラのアパート。地方だから物件が安く買えたのかもしれませんが、地方になるほど建物が大きくなり、土地も広くなります。

同じ6万円の家賃で比べても、世田谷区であれば単身向けのワンルームですが、地方の6万円では50㎡あるファミリータイプということも珍しくありません。

同じ6万円の家賃収入でもリフォームにかかる費用は倍ではきかないでしょう。空室の物件は常に部屋をキレイにして、常に入居できる状況にしておく必要があります。

そのためにはコストがかかります。何かが壊れたら直ちに修繕が求められます。

フルレバレッジのサラリーマン大家さんは何らかのトラブルが起きたとき、その多くが状況に対応できません。

3 大切なのは「ニーズ」、インバウンドに目を向けよう

どうも暗い話題が続きましたが、ガラガラのアパートを満室のアパートにするには、どうしたら良いのでしょうか。

それはシンプルに「求められている物件を提供すること」が重要だというのが私の主張です。

私が不動産投資をはじめた16年前に企画したのが「吹き抜けアパート」でしたが、その後、「女性向けシェアハウス」、そして２０１６年より「旅館アパート」を手掛けています。

そこに共通するのはニーズです。

とくに今はどんどん減っていく日本人に目を向けるのではなく、どんどん日本にやってくる外国人や旅行者といった需要を取り入れるべきだと考えています。

すっかり定着した「インバウンド」という言葉ですが、この意味をご存知でしょうか。そもそもインバウンドは「INBOUND」と綴り、その意味は「入ってくる、到着する」。つまり日本に入ってくる外国人旅行客を指します。

ここ数年で外国人旅行客が増えて、インバウンドという単語の認知度が飛躍的に上がったのは周知の事実でしょう。

私の過去の書籍でも紹介しましたが、元ゴールドマンサックスのアナリストで、現在は国宝・重要文化財の補修を手掛ける小西工藝社代表取締役社長のデービット・アトキンソン氏の著書「新・観光立国論」（東洋経済）の考え方が非常に参考になります。氏によれば、「日本がもつ自然、文化、気候、食事など幅広い観光資源をふまえれば、現時点の日本の潜在能力でも5600万人は集客可能」といいます。

さらには「今後も世界の市場拡大を反映して、2030年には8200万人まで増加していく」と、大胆な予測がされています。

これはあながち大げさな話ではない・・・私はこう考えています。

現在の日本は、世界242カ国と地域の中、人口1億人を超える12カ国中10番目に位置しているそうです。

少子高齢化が進む日本では、どんなに楽観的な見方をしても、戦後の人口激増時代の反動で、人口激減の時代に入りつつあります。

先進国はだいたいどこも人口減少の時代を迎えていますが、先進国の中で日本の人口の激増は異例だっただけに激減のスピードも異例です。

人口減少によって日本のGDPが下がっていく、生産性が落ちていくのですが、裏を返せば、「GDPを成長させたければ、人口を増やせばいい」ということになります。

しかし、一生涯独身という人も増えていますし、様々な少子化対策を行ってはいますが良い結果は出ていません。それだけで人口の激減を止めるのは難しいのです。

よく言われるのは移民政策ですが、これを実現するには非常に高いハードルがあります。

現在、日本人で移民政策に積極的なのはごくごく少数派で、多くの人は拒否反応を示しています。実際、日本にとって移民政策は必要だと考える人でも、実際に移民がくれば「治安が悪くなるのではないのか」と懸念することでしょう。「移民政策をとらずに国民1人1人の生産性を上げていけばいいのではないか」という意見もありますが、これもまた難しい現実です。

そうした八方ふさがりの中で、移民政策以外に唯一、人口を増やす方法が「短期移民」であると提案しているのがデービット・アトキンソン氏なのです。

短期移民とは出稼ぎ労働者のことではなくて、「日本に住むことなく一定期間だけ滞在する外国人」と定義づけています。

短期移民は仕事はせず、ただ日本国内で消費するだけ。つまり外国人観光客です。一時的に遊びにくる観光客には、政治の問題、文化、風習、宗教で困ることもありません。

ただし、一定期間とはいえ日本に滞在するのですから、実態としては日本の人口が増えることになります。短期移民であれば、「移民政策のデメリットを持たずして、GDPを上げる効果に期待ができる」とされています。

人口が右下がりで減っていく日本で、ＧＤＰを大きく成長させていく有力な方法としては、人口減少を補うほどの外国人観光客を受け入れる・・・つまり「観光立国」の道を歩んでいくということなのです。

4 2018年の訪日客数は過去最高の3119万人

世界でも観光業は成長産業のひとつです。

これまでの日本の観光産業は内需、つまり日本国民に向いていました。これが今、完全に外需、外国人に向けて切り替わっています。今はその過度期なのです。

日本旅行といえば、東京や大阪といった都市部だけに注目を浴びがちですが、じつは日本全国に外国人旅行客が訪れています。

人口10万人の町で、新たに人口を増やすのは難しいかもしれないですが、旅行客を増やすことができます。

私は地方の空室だらけのアパートを満室にするより、そのアパートやマンションを

年別　訪日外客数の推移

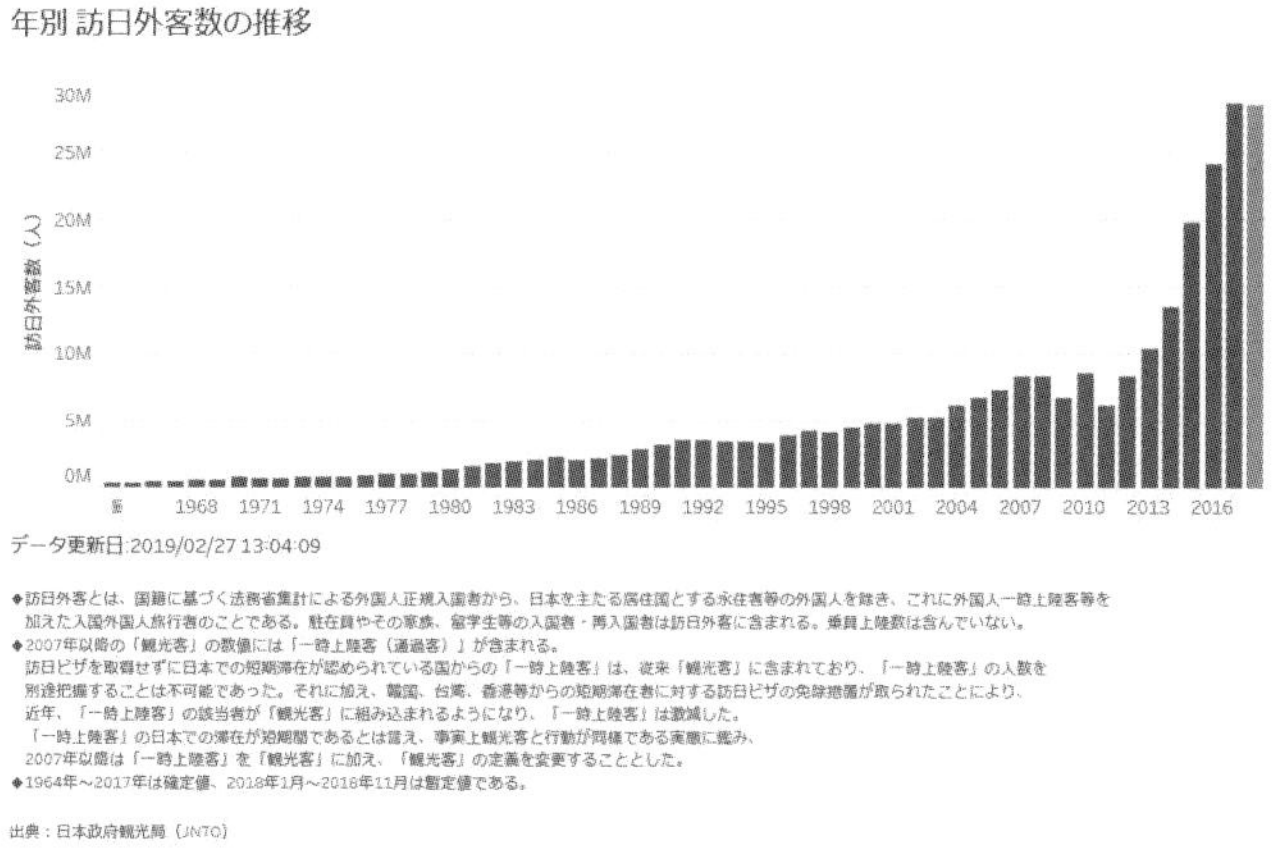
年別 訪日外客数の推移
30M
25M
20M
15M
10M
5M
0M
訪日外客数（人）
1968 1971 1974 1977 1980 1983 1986 1989 1992 1995 1998 2001 2004 2007 2010 2013 2016
データ更新日:2019/02/27 13:04:09
◆訪日外客とは、国籍に基づく法務省集計による外国人正規入国者から、日本を主たる居住国とする永住者等の外国人を除き、これに外国人一時上陸客等を加えた入国外国人旅行者のことである。駐在員やその家族、留学生等の入国者・再入国者は訪日外客に含まれる。乗員上陸数は含んでいない。
◆2007年以降の「観光客」の数値には「一時上陸客（通過客）」が含まれる。
訪日ビザを取得せずに日本での短期滞在が認められている国からの「一時上陸客」は、従来「観光客」に含まれており、「一時上陸客」の人数を別途把握することは不可能であった。それに加え、韓国、台湾、香港等からの短期滞在者に対する訪日ビザの免除措置が取られたことにより、近年、「一時上陸客」の該当者が「観光客」に組み込まれるようになり、「一時上陸客」は激減した。
「一時上陸客」の日本での滞在が短期間であるとは言え、事実上観光客と行動が同様である実態に鑑み、2007年以降は「一時上陸客」を「観光客」に加え、「観光客」の定義を変更することとした。
◆1964年～2017年は確定値、2018年1月～2018年11月は暫定値である。
出典：日本政府観光局（JNTO）

出典：日本政府観光局「日本の観光統計データ」年別　訪日外客数の推移
https://statistics.jnto.go.jp/graph/#graph--inbound--travelers--transition

外国人旅行客に、宿として提供していく方が将来性があるように思えます。

　というのも、アパートの空室対策は大家個人の問題ですが、外国人旅行客を呼ぶことは国策であり、各自治体も強く望んでいることだからです。そこに乗らない手はありません。

　ここで最新データを紹介しましょう。

　2019年1月16日、日本政府観光局より発表された2018年のインバウンド（訪日外国人）客数の推移は、前年比8・7％増となる約3119万人となり、過去最高を記録しました。

日本政府観光局が統計を取り始めた1964年以降、2013年に初めて1000万人を突破し、2016年に2404万人、2017年に2869万人。7年連続の増加となりました。

国・地域別で見ると、訪日客が多い上位3地域は、昨年と同様、1位は中国838万人（前年比102万人増、13・9％増）、2位が韓国753万人（前年比39万人増、5・6％増）、3位は台湾475万人（前年比19万人増、4・2％増）です。

2018年は、夏から秋にかけて西日本豪雨や台風、北海道の地震など自然災害が相次ぎましたが、受け入れ環境の整備や政府による訪日プロモーション強化などが寄与したとみられています。

観光庁の統計（速報値）によると、2018年は訪日外国人の旅行消費額も過去最高の4兆5064億円を記録しています。ただし、政府のインバウンドの目標は、2020年に旅行者数4000万人、旅行消費額8兆円を掲げています。

つまり、まだまだ目標には足りないということです。

過去最高の記録を更新しながらも、より高い目標を達成すべく国そのものが邁進しているのです。

コラム①
東京都世田谷区のスーパーホスト親子 タエコさん親子

家族全員で民泊を行っているのは、私の姉であるタエコ一家です。2015年11月ごろから民泊を始めています。現在はタエコの自宅、また姉夫婦が所有するアパートを民泊として貸し出しています。

「娘はいま子供が2人いますが、民泊を始めた当時は産休に入って自由な時間ができた頃でした。私自身も母の介護も終わり、ちょうど一区切りが着いた頃。弟に『民泊やってみたら』とすすめられて興味を持ったのです」

私がサポートしている旅館も同じ世田谷にありますが、大きな違いは姉の場合は、ホームステイ型（家主居住型）の民泊で、家族で手分けをしておこなっていること。さらに駅まで送迎したり食事をふるまったりなどのアットホームなサービスを提供していることです。

「娘が予約までのメールのやりとりを担当しており、送迎など実際の対応は夫婦で行うケースが多いですね。去年の秋、『住宅宿泊事業法（民泊新法）』が可決されると聞いて、これからは正々堂々と民泊ができると喜んでいたところ、中身を聞いてみると異様に厳しいものだということがわかってきてショックを受けました。しかも世田谷区では上乗せ規制までされ120日しかできません。消防法も厳しくて、クリアするのはとても大変でした」

と姉はいいます。民泊新法では、民泊を行うホストは「住宅宿泊事業者（事業者）」となり、管理・運営が「住宅宿泊管理業者（管理者）」が行い、どちらも自治体への届出が必要です。

「闇民泊は社会問題となりましたが、そのトラブルの多くは家主不在型で起こっており、家主居住型で困ったことなどありませんでした。定年退職後で自宅で民泊をするのは、いろんな出会いがあって生活が充実しますし、おまけにお小遣いも稼げます。シニア世代にはおすすめだと思いますよ」

これには私もまったく同感です。年金とは別の収入があれば、リタイヤ後の生活も安定します。姉親子は世界中の旅行者と友達になって、彼らの国に遊びに行くのが夢だそうです。これは決して実現不可能ではありません。

第2章

求められる「旅館アパート」

第2章では、なぜ旅館アパートにニーズがあるのか。

さらにどんな旅館アパートであれば、満室稼働ができるのかノウハウの部分まで併せて紹介しましょう。

旅館アパートは「民泊」ではなく、「旅館業」です。

厳しいルールの課せられた民泊に比べて、旅館業は規制緩和され、以前に比べて行いやすくなっています。

1 今、もっとも求められているのは「旅館アパート」

第2章では、「旅館アパート」にフォーカスします。

これは私の持論ですが、空気に部屋を貸してもお金を生みません。

だからこそ、大家は「どうしたら部屋を借りてもらえるのか」を考えなくてはいけないのです。もちろん、求められるものは常に変化していきますから、柔軟な思考が必要です。その一つの答えが「旅館アパート」なのです。

次ページの図をご覧いただければわかりますが、外国人の訪日回数は増えています。全体で見て60%以上、観光目的だけでも55%を超えています。それだけリピーターが多いのです。

また、下の図の旅行の業態を見ても、団体旅行の割合は非常に少なく、70%が個人手配です。このデータから外国人旅行客は「行きたいところに個人で何度も行く」と

訪日回数別の内訳

年 訪日回数別の内訳（全体）

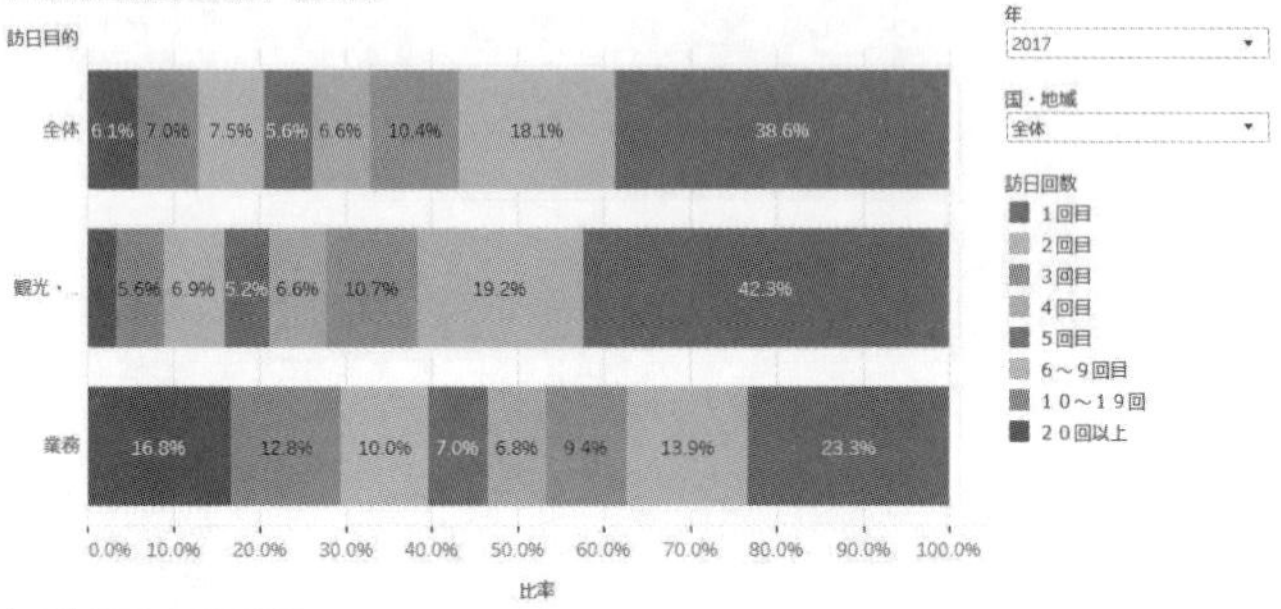

データ更新日:2018/08/06 2:38:09

◆日本を出国する訪日外国人（1年以上の滞在者、日本での居住者、日本に入国しないトランジット客、乗員を除く）を対象に行った聞き取り調査である。
◆それぞれの調査年で、国籍や訪日目的ごとの標本数が異なるため、比較においては注意が必要である。
◆値はすべて確報値である。

出典：日本政府観光局「日本の観光統計データ」訪日回数別の内訳
https://statistics.jnto.go.jp/graph/#graph--Breakdown--by--number--of--visits

旅行形態別の内訳

2017年 旅行形態別の内訳（全体）

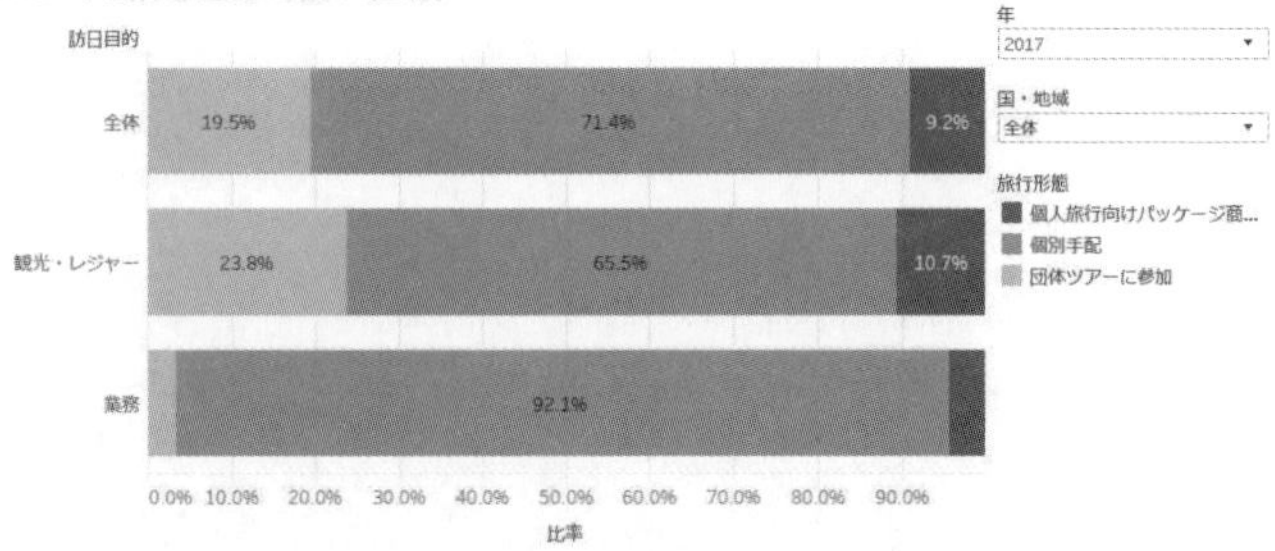

データ更新日:2018/08/06 2:39:09

◆日本を出国する訪日外国人（1年以上の滞在者、日本での居住者、日本に入国しないトランジット客、乗員を除く）を対象に行った聞き取り調査である。
◆それぞれの調査年で、国籍や訪日目的ごとの標本数が異なるため、比較においては注意が必要である。
◆2013年以前は、「個人旅行向けパッケージ商品を利用」と「個別手配」をまとめて「団体ツアーでない（個人旅行）」としているため、
比較においては注意が必要である。
◆値はすべて確報値である。

出典：日本政府観光局「日本の観光統計データ」旅行形態別の内訳
https://statistics.jnto.go.jp/graph/#graph--travel--form

いうことが見てとれます。

小規模な旅館アパートは団体ツアー客ではなく、個人手配の旅行がターゲットになりますが、こうしたニーズはしっかりあるのです。

私自身は東京と京都中心で旅館業を進めてきましたが、日本全国にチャンスを感じます。だからこそ、究極の空室対策として、「旅館アパート」をおすすめしたいと考えています。

2 旅館業とは何か

最近は、「インバウンド」という言葉が当たり前になりました。

前述のデータからもわかる通り、日本中にリピーター客が増えてきて、あらゆる場所にどんどん行きたがるようになってきています。つまり、「全国にチャンスがある」ということです。

さて、おすすめする「旅館アパート」とは私の造語で「旅館業の許可を取得したアパート」を指します。

ここ数年、「ヤミ民泊」「違法民泊」などテレビやインターネットのニュースで目にした読者も多いでしょう。あれらは賃貸住宅を転用して、無許可で宿を営んでいるため問題視されています。

対して旅館アパートは、旅館業の「簡易宿所」や「旅館」という許可を得て、合法でアパートを旅館として利用できるのです。

後述しますが、厳しく引き締められた「民泊新法」に比べ、緩和の傾向にあります。もともと1人に必要な面積が33平米という縛りがあったのが、今では3・3平米と10分の1になっています。だからこそ、今が狙い目といえるのです。

なお、旅館業には次の4種類があります。

【4種類の旅館業】

・ホテル営業　洋式の構造及び設備を主とする施設を設けてする営業。

・旅館営業　和式の構造及び設備を主とする施設を設けてする営業。いわゆる駅前旅館、温泉旅館、観光旅館の他、割烹旅館が含まれる。
・簡易宿所営業　宿泊する場所を多数人で共用する構造及び設備を設けてする営業。民宿、ペンション、ロッジ、山小屋、ユースホステルの他カプセルホテルが該当。
・下宿営業　1月以上の期間を単位として宿泊させる営業。

原則として、旅館業法簡易宿所営業の法令がありますが、詳細な適用条件については、各行政がルールを定めており、保健所・消防署の検査を受けて営業許可を取得します。

具体的な部分は各自治体が要綱を定めており、民泊に比べて格段に手間とコストがかかる印象がありますが、民泊新法の内容からいえば、旅館業の方が許可は得やすいです。

旅館業法の中で簡易宿所は小規模の経営でも可能で、ハードルも低いとされています。その特徴を挙げるならば、「山小屋」をイメージするとわかりやすいと思います。

男女複数人が宿泊することを前提にしているので、トイレが2つ必要だったりします。1946年の法律だからか、特に衛生面の部分で厳しいといえます。

3 2019年6月に緩和される「旅館業」

昨年、消防法施行規則の改正案を公表した翌日、建築基準法の改正案が閣議決定されました。

ここでは、建築基準法の改正案のうち、民泊・旅館業の許可申請に影響する部分を解説します。

まず延べ面積200平米未満なら、木造3階建ての簡易宿所を認める規制緩和です。

現行の建築基準法では、宿泊施設（ホテル、旅館、簡易宿所）を3階以上の階に設置する場合は、建物を通常よりも高い防火性能を有する「耐火建築物」とする必要がありました。

しかし、東京都など地価が高い都心では、木造3階建ての「耐火建築物ではない戸建住宅」が非常に多く存在します。これまでは、こうした既存の戸建ては許可が取りにくい物件でした。

この改正案が成立し施行されたら、木造3階建ての戸建住宅での旅館業の許可取得が可能となります。

また、確認申請が必要な用途変更の規模を、現在の100平米から200平米に規制緩和されます。

用途変更の手続きである「建築確認申請」は調査・図面作成をする建築士や、検査をする指定検査機関等の関与が必要となり、多大な手間とコストがかかります。

そのため、100平米を超える建物での旅館業許可取得は難しかったのですが、この規制緩和措置のおかげで200平米までが可能となります。

4 2018年6月に施行された「民泊新法」

次に民泊についても解説しましょう。法整備がなされず闇民泊が横行して社会問題とまでなった民泊ですが、2018年6月15日に民泊新法が施行されました。

これにより、届出のない民泊は「Airbnb」をはじめとしたマッチングサイトへの掲載はできなくなりました。

これまで民泊を合法で行う際には、私が提唱する旅館アパート——旅館業として許可を取得するか、大阪府や東京都大田区等の特区民泊を活用する方法しかありませんでした。

それが新法施行後は届出を行うことで、全国どこでも民泊の営業を行えるようになります。

ご存じの方も多いでしょうが、ここで民泊についておさらいしましょう。

民泊は戸建てやアパート・マンションなどの共同住宅の一部を旅行者に宿泊先として提供するサービスとして誕生しました。

「Airbnb」を代表とする空き室を貸したい人と旅行者をマッチングする、インターネット上のプラットホームの存在により世界各国に広まりました。

日本でも２０１４年頃より、都市部や観光地を中心に展開されています。

ここで現在、合法で行える民泊について簡単に解説したいと思います。

私が提唱する「旅館アパート」は前述した旅館業、簡易宿所の営業許可を取得します。ですから、民泊とはまったく違うと認識していますが、戸建てやアパート・マンションといった住宅を転用できることにおいては、民泊と近しいと考えます。

【特区民泊】

「特区民泊」とは、国家戦略特別区域法に基づく旅館業法の特例制度を活用した民泊です。

特区民泊の正式名称は「国家戦略特別区域外国人滞在施設経営事業」ですが、特区（特別区）における民泊事業として「特区民泊」と呼ばれています。

特区民泊ができるのは国家戦略特別区の一部に限られますが、合法的な民泊事業運営方法の一つとして注目を集めています。

【民泊新法】

住宅宿泊事業法は、急速に増加する民泊について、安全面・衛生面の確保がなされていないこと、騒音やゴミ出しなどによる近隣トラブルが社会問題となっていること、観光旅客の宿泊ニーズが多様化していることなどに対応するため、一定のルールを定め、健全な民泊サービスの普及を図るものとして、新たに制定された法律で、2017年6月に成立、2018年6月施行しました。

住宅宿泊事業法案では、住宅宿泊事業者の届出制度と住宅宿泊仲介業および住宅宿泊管理業者の登録制度を創設します。

住宅宿泊事業者というのは、「住宅を貸し出して民泊を運営したい」と考えるホストのことで、民泊ホストは都道府県知事に届出を提出して民泊サービスを提供できるようになります。

ただし、1年間で提供できる日数の上限は「180日（泊）」で、住宅宿泊事業者には衛生確保措置、騒音防止のための説明、苦情への対応、宿泊者名簿の作成・備付け、標識の掲示といった民泊運営のための適正な措置を行うことが義務付けられます。

また、「Airbnb」をはじめとした民泊ホストとゲストをマッチングする仲介サービス（住宅宿泊仲介業）と民泊運営を代行している業者（住宅宿泊管理業者）は登録制となり、住宅宿泊仲介業は観光庁長官に、住宅宿泊管理業者は国土交通大臣にそれぞれ登録することになります。

そもそも今できる民泊としては、特区民泊は事実上大阪限定となり東京ではできません。というのも東京の大田区の特区民泊は非常に使いにくく、ビジネスには向かないからです。

国としては、インバウンド市場を広げて、どんどん海外から観光客を誘致したいという思惑があって民泊を推進しているのですが、自治体は推進するどころかシャットアウトをする動きを見せています。

そこまで自治体が民泊新法の条例を厳しく締め付けるのはなぜなのか・・・それは、いざトラブルが発生したとき、矢面に立ってクレームを受けるのは自治体だからです。

民泊がある近隣住民たちは、何かトラブルが起これば市役所・区役所・保健所・警察署といった最寄りの公的な機関に訴えます。

観光庁や厚生労働省といった、本来であれば担当する国の機関には報告がされないため、政府と各自治体で見解が大きく乖離しているのが実情です。

その結果、民泊のルールをどう制定するのかではなく、騒音やゴミの問題といった近隣クレームに行き着いて「排除」の方向へ流れていくのです。

しかし、よく考えてください。外国人旅行者がトラブルを起こす可能性は極めて少ないものです。常日頃、海外に頻繁に個人旅行に出かけるような、旅行慣れしている人たちのモラルやマナーは日本人よりも良いくらいです。

結局のところ、自分たちが住まう街に不特定多数の旅行者が出入りするのが目障りなのです。法的な手続きをクリアしている旅館業ですら、地域の方々の反発にあうことは頻繁にあります。

いずれにしても国の思惑とは外れて、民泊新法でビジネスを行うのは難易度が高いものとなりました。

結局のところ民泊新法とは、民泊を解禁する法律ではなく、規制する法律になっているのが特徴です。

その結果、今までやってきた民泊オーナーはやめてしまいました。ほとんどの人が自宅ではなく部屋を借りてやっているからで、もしもうまく届出をしたとしても、民泊として年間で部屋を提供できる日数は180日以内で採算が合いません。

この民泊新法は施行時期こそ統一ですが、区によって宿泊可能な日数の設定が異なります。

とりわけ都市計画に敏感な世田谷区は、民泊新法においても他の区より厳しく制限がかかり、可能な日数も120日以内と定められています。

しかし、エリアによっては季節営業でも成り立つと考えています。そのシーズンだけ絞るという戦略を採るわけです。

私が政府は賢いなと思うのは、問題になったら民泊を厳しくし、一方で旅館業を一気に緩めたことです。大半の人は民泊に気を取られていますが、実は旅館業のほうが狙い目というのが私の考えです。

なお、民泊新法を活かした手法に取り組んでいる投資家を第1章、第3章のコラムで紹介していますので参考にしてください。

5 アパートを旅館に転用するノウハウ

旅館業は民泊に比べて、はるかに行いやすいです。

帳場の設置義務については、表にカメラをつけていて24時間対応しているということなるので、パソコンで接続して近所に事務所（帳場）があれば認められるのです。

また、近所というのは自治体の取り決めにもよりますが、８００メートル（歩いて10分以内）にあればいいのも大きな利点でしょう。

つまり、アパートを全て旅館にして、近所に狭い物件を借りて帳場にすればいいとも言えます。

最近では、このスキームに気づいた人たちが続々とボロアパートを買って実践しています。

これは新しいアパートの選択肢です。半分はアパートで半分は旅館というハイブリットな選択肢も生まれたのです。

同じアパートの中で外人がウロウロしていると、普通に住んでいる一般人が嫌がる可能性もあります。ただ、ネガティブにとらえる必要はなく、もしそれで退去されても、その部屋もまた旅館として稼働させることができますから、大家さん的にはむしろプラスといえます。

次の第3章では実際にアパートを旅館に転用した事例をもとに、より具体的に解説します。

コラム②

岐阜県高山市の400万円ボロ戸建てで旅館をスタート！

斉藤さん夫妻（仮名）

斉藤さんのご主人とはじめてお会いしたのは、去年の夏ごろでした。愛知県在住の30代半ばのサラリーマンで、お勤めは誰も知る大手企業。奥様は専業主婦。お子さんはまだ小さく、これから長期にわたって教育費がかかります。

話を聞いてみると2015年から不動産投資に興味を持ち、夫婦でボロ戸建て投資をはじめています。

「当初は身の丈にあった投資をしようと戸建て投資からはじめましたが、DIYに半年、客付けに半年と稼働させるために1年かかってしまいました。機会損失が大きいし投資のスピードも遅いので、その後、地方1棟投資に切り替えたのです。当時は不動産投資ブームの真っ最中で物件価格も高騰していました。そんな中で焦った結果、本来ならば買ってはいけない物件をスルガスキームで買ってしまったのです（詳細は対談を参照ください）」

と、斉藤さん。サンタメ業者と言われる収益物件専門の不動産会社が自社の利益を大きく乗せた田舎の1棟物件を買わせるのですが、その際に提携ローンとしてスルガ銀行のアパートローンが使われていたため「スルガスキーム」と呼ばれていました。スルガスキームの特徴は自己資金ゼロで、スピーディに物件が購入できることです。

その金利は4・5%と非常に高いものです。もちろん金利が高くても、それを許容できるほど高利回りであればいいかもしれません。しかし、斉藤さんの物件は利回り9%程度。東京の感覚でいうと9%は高く思えますが、空室だらけの9%は危険です。ローンを返済したら、キャッシュフローはほとんど残らないばかりか、下手をすれば持ち出しです。

こうして1棟投資で失敗した後、原点回帰で戸建て投資に戻りますが、やはりそこまで稼げず、不動産投資の方向性に悩んでいました。

「働いても返せないくらい大きな借金を背負っているのにお金が手に残りません。高利回りと言われる戸建て投資も、とくに地方のボロ戸建ては床面積が広く修繕費がかかります。そんなときに白岩さんにお会いして、旅館業の可能性を聞きました。私はボロ戸建てを探すのは得意ですから、すぐに高山に良さそうな戸建てを見つけることができました」

そうして斉藤さんは2018年末に高山に戸建てを400万円で購入。何度も現地に足を運び、旅館業の準備を進めています。

「白岩さんにはこれまで民泊や旅館で実績のあるデザイナーさんを紹介いただきまして、今はデザイナーさん、大工さん、私の3人でプランニングから工事を進めています。有名な高山祭りが4月にありますから、そこでオープンできたらと考えています」

これまでボロ戸建ての家賃は5万円がせいぜいだったところ、少なくとも月20万円は稼ぎ出すと試算しています。こうした戸建て型旅館をドミナントで増やして、サラリーマンをリタイヤするのが斉藤さん夫妻の夢だそうです。

第3章

「旅館アパート」転用ノウハウ

第3章では、世田谷区にある築浅のアパートを「旅館アパート」に転用した事例に合わせて、具体的にどのような設備の変更・設置をすればいいのかノウハウをお伝えします。

もともと天井高のある「吹き抜け型」のアパートで、家賃は相場よりも高く月の家賃が1室13万円でした。

しかし、これを旅館アパートにしたことで、なんと3倍以上の月収が見込めています。

このように、60室の大家である私自身が、旅館経営のパワーに驚かされ続けています。

1 手間もコストもかけずアパートを旅館に転用 1室の収入が13万円➡30万円以上に！

第2章で紹介した通り、旅館業法の緩和により許可の取得が容易になりました。本章で紹介する世田谷区のあるアパートは、私がかつて「吹き抜けアパート」として企画したものです。

3・75メートルの吹き抜け天井は広々として気持ちよく、ロフトスペースも充分な広さを持ち、普通賃貸としても魅力的な物件です。

なにより素晴らしいところは「駅徒歩2分」という立地で、渋谷から電車で10分以内ということもあり、十分な競争力があったのですが、せっかくの好立地を生かそうと旅館への転用をすることにしました。

この駅から徒歩4分に私の所有物件があり、その一室を事務所にしています。そこに帳場を設置しました。

アパートには4世帯ありますが、現在は100平米以下の縛りがあるため、まずは

3室での運用です。規制緩和のされる6月以降にもう1室も旅館にします。この際に工事の必要はほとんどありません。詳しくは後述しますが、コストをかけずに手軽にアパートを旅館に転用できるのです。

そもそもの家賃は1室13万円の3室。これは築浅で好立地であることから相場よりは高めの設定です。

これが2019年2月中旬にオープンしたところ、すでに季節によっては1室につき、月30万円以上（計100万円程度）の宿泊予約が入っています。普通賃貸に比べると3倍の売上です！

では、このアパートの仕様を詳しく紹介していきます。

【事例】世田谷区にオープンした旅館アパート解説

■ドア

外観はアパートそのままです。宿泊客が間違えないよう、旅館のロゴマークをわかりやすいところに新たに設置しました。

鍵は暗証番号押しボタン式補助錠「キーレックス」を使用しています。キーレス錠となるため、鍵の受け渡しが不要となります。

■避難誘導灯

旅館アパートは、旅館業の許可を取得します。

そのためには消防署・保健所からの検査を受ける必要があります。満たすべき規定はいくつかありますが、とくに大切なものとして避難路の確保があげられます。この避難路を指し示す「避難誘導灯」も必須設備です。

消防検査は消防署に依頼しますが、消防検査では、この「避難誘導灯」の通電検査を行います。

なお、帳場（帳付けや会計をするカウンター）については、法令上では設置等が義務付けられていませんが、各自治体によって設置が義務付けられることがあります。高さ等の規定も異なりますので確認が必要です。

■消防設備

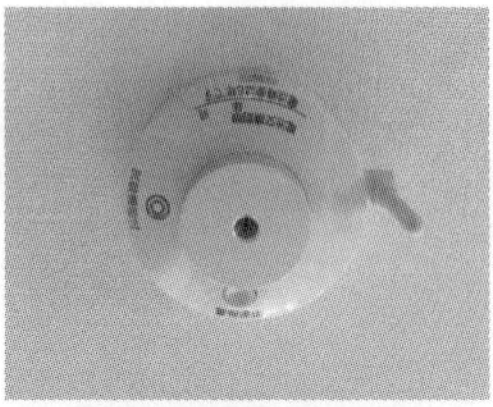

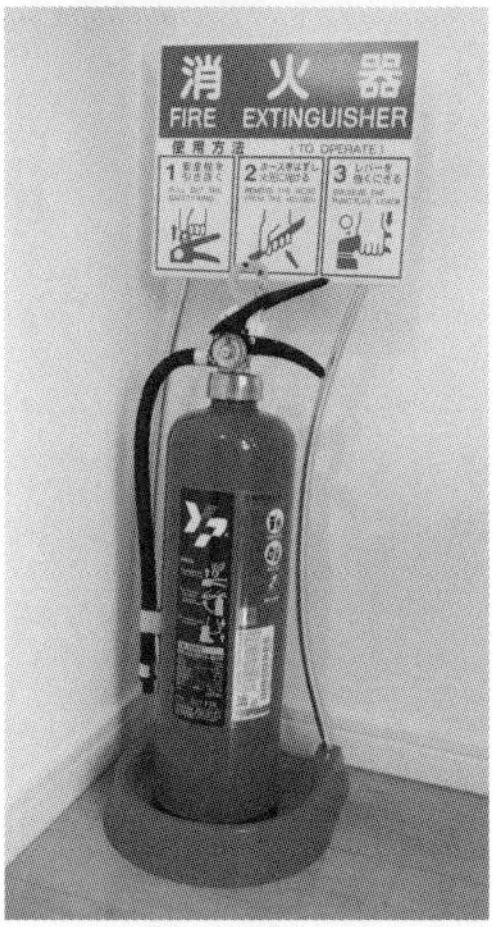

その他の消防設備については、避難通路に張り紙をはって消火器と特定小規模施設用自動火災報知設備を設置しました。費用は誘導灯を会わせて120万円ほどでした。

設置する消火器は認可されたものでシリアルナンバーが入ってなければなりません。通販だと5000円程度で買えるのですが、指定の業者から購入しなければならず3万5000円ほどかかります。

■居室

リビングは、ゆったりとしたつくりで広めのほうが外国人に好まれます。

畳も好評で日本的な「ちゃぶ台+座布団」といった組み合わせも喜ばれますが、日

本人と違って床に座ることは少ないため、椅子とテーブルはあった方がいいでしょう。

寝具ですが、畳に布団を敷いて寝る・・・ということに憧れる外国人旅行客がほとんどです。また、布団は畳めますので、少人数からグループまで対応できるのが良いところです。

注意点として、お布団をしまう押し入れになるような収納があると良いでしょう。また、ベットに慣れている外国の方のためにマットレスは厚めのものを選びます。

■キッチン

長期滞在をする外国人客にとってキッチンは魅力です。たとえ料理をしなくても、買ってきた飲み物を冷やす冷蔵後、お弁当を温める電子レンジはあった方がよいでしょう。

生活に不備が生じないことはもちろん、ホテルに近づけるイメージを持って＋αの製品があることが重要です。また、コンロ・レンジ・トースター・電子ケトルなどの

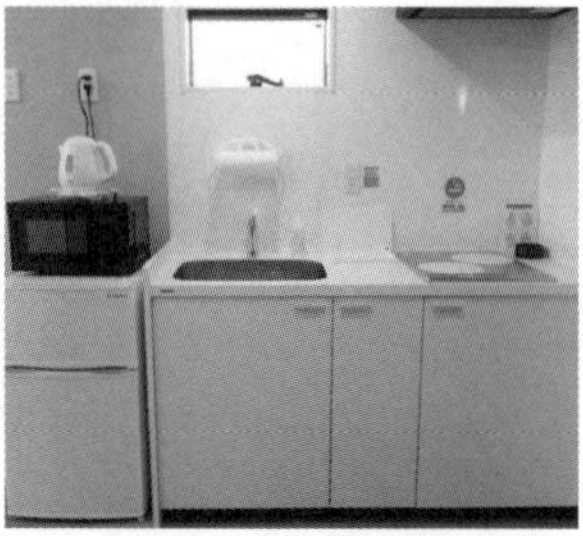

電化製品、フライパン・鍋・菜箸などの調理器具を置いてあげると、なお喜ばれます。加えてそれらの使い方などを英語でわかりやすく説明します。

キッチンはお部屋の中でも特に汚れやすい場所です。オーブンや冷蔵庫、電子レンジは高価なものでもなくてもよいので清潔を心がけます。また火事に対してのリスクヘッジとして、ガスではなくてＨＩのコンロを設置します。

■トイレ・バスルーム・洗面室

トイレについては日本人同様、洗面台と一体型ではない独立型が好まれます。ウォシュレットはとても喜ばれるものの一つなので必須です。

壁紙などは汚れが目立たない、かつ清潔感のあるものを選びます。

なお、一室あたりのトイレの数は、簡易宿所では2つ求められるケース（地域と宿泊可能人数によって規定が異なる）もありますが、旅館業であれば1つで大丈夫です。

旅館業では基本的にはバスルームが必須です。旅館業法施行令では「当該施設に近接して公衆浴場がある等入浴に支障をきたさないと認められる場合を除き、宿泊者の需要を満たすことができる規模の入浴設備を有すること」（簡易宿所）とあります。なお浴槽が必要か否か、個数については特に規定はありません。

洗面室は清潔感を重視します。洗面ボールは使いやすいように大きめが好まれますが、既成のメーカー品で問題ありません。

■洗濯機

洗濯機や物干しは長期宿泊客にとって必需品です。外国人にもわかりやすく使い方を伝えます。

■リネン・アメニティ・その他備品

部屋にはホテルと同様にリネン類やアメニティを用意します。

リネンは高級感よりも清潔感を重視します。色はカラータオルの方が、汚れが目立ちにくいです。

ベッドシーツ、枕カバーなどリネンの洗濯は、プロに依頼した方が圧倒的にラクに済みます。

歯ブラシ、ヘアキャップ、ヘアブラシ、コームなどのアメニティですが、なるべく

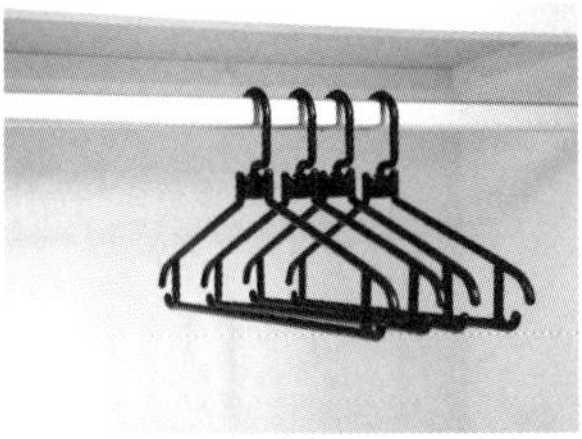

種類を置いたほうが宿泊客に喜ばれます。
　こういったアメニティの値段について気になる人もいると思いますが、業務用であれば1個あたり数十円なので、コストを下げることができます。
　その他の備品として、懐中電灯・傘・ハンガー・救急セットなどを用意します。

2

収入ゼロの空き家を旅館アパートに転用！初月から100万円以上の収入に！

　ここまで中古アパートの旅館アパート転用事例を紹介しましたが、中古の戸建ての旅館アパートへの転用もおすすめです。

　次ページの写真は、下町の空き家を旅館アパートとして再生した事例です。相談者は40代のサラリーマンです。

本来、誰も使わない空き家ともなれば売却するのが手っ取り早いのですが、この家は、かつておばあさまが住んでいたということで思い出がつまっており、所有者であるお母さんからすると売却に躊躇があったようです。

ずっと空き家で放置されていた残置物だらけの家をリノベーションして、戸建て型の旅館アパートにしました。

立地は東京の下町にあり、成田空港、羽田空港から乗り換えなしで直通で行ける好立地ですし、スカイツリーからほど近い場所にあります。

用途地域を調べてみると、簡易宿所の営業許可も問題なくとれるため、空き家をフルリノベーションして旅館アパートにするプランを提案しました。

50㎡足らずの小さな家ですが、旅館にするには十分な広さがあります。

とくにアジア系の外国人旅行客から人気のある物件となり、しっかりと収益を生み出してくれます。

残置物の撤去やリフォーム費用はかかったものの、今では月々30万円から50万円を稼ぎだす優秀な投資物件となりました。

3 ガラガラのボロアパートを旅館アパートに建て替え。月100万円以上の宿泊予約が入る人気物件に！

最後の事例は古くてボロボロになったアパートを旅館アパートとして建て替えた事例です。

オーナーさんは30代のサラリーマンで、親からアパート経営を引き継いだことをきっかけに、古くて人が住まないボロアパートを新しく建て替えようと検討していました。渋谷から近い場所ということもあり、旅館アパートができないかと相談にこられたケースです。

もともと入居者はほとんどいなくて、建て直す予定でしたので募集もかけていなかったそうです。

借地ということで地主さんに建て替えの承諾をもらってアパートを建てようか検討していたところ、偶然にも私のブログを見つけて『旅館アパート』に興味を持ったという経緯があります。

用途地域を調べると問題なく簡易宿所の許可がとれ、立地も申し分ないということで「旅館アパート」の建て替え計画を進めました。

借地でネックになるのは地主の建て替えの承諾ですが、この物件は地主さんから快諾を得られました。場合によっては宿泊施設として利用するということで、地代が急に跳ね上がるケースもありますのでそこは注意です。よく確認しましょう。

ご相談に来られたのは2017年の秋。物件がオープンしたのは2018年の6月で、ちょうど民泊新法が施行されたころです。

つまり、闇民泊が一気になくなったタイミングでの開業ということで、外国人旅行客からのニーズが集中しました。

おかげで良い形のスタートダッシュとなり、初月から100万円を超える収入がありました。今でも渋谷エリアは人気があり安定的に稼働しています。

ここでは東京を中心に旅館アパートを紹介しましたが、外国人旅行客にニーズがあ

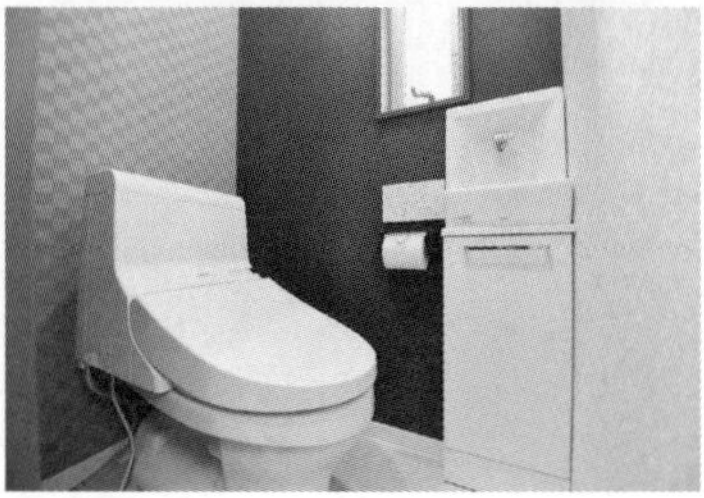

る地域はほかにもまだまだあります。

もし、使っていない空き家、または、空室が埋まらず困ったアパートがあるようでしたらチャンスです。

建物の状態が良ければ簡易なリフォームで済みますし、長い間空き家であったり、ボロボロで水回りが使えない状況であってもフルリノベーションをすれば甦ります。

4 ニーズがあれば日本全国で旅館ができる！

このように既存のアパートから旅館アパートへの転用は思った以上に簡単です。

メリットは吹き抜け型アパートよりも小規模な土地でできること、普通賃貸より収益率が高いことです。

加えていえば、現行で100平米、今年の6月からは200平米と緩和傾向とはいえ、縛りがあるため大規模物件には向きません。

しかしRC造物件であれば、もともと耐火建築であるため、100平米や200平米にこだわる必要はありません。

注意点としては、旅館業の許可を得るためには用途地域を「第一種住居地域」「第二種住居地域」「準住居地域」「近隣商業地域」「商業地域」「準工業地域」を選ばなくてはいけません。

また、原則として国の定めた旅館業法の法令があるものの、具体的な適用条件については、各自治体がルールを定めており、その基準に合わせて工事をする必要があります。

簡単に言えば、「基本となる法律は国が決めているが、自治体によって基準はバラバラ」ということです。

例えば、荒川区は近隣の許可がないとできないので事実上無理だと言えるでしょう。台東区は管理人が常駐しなければならないことになっているので、管理人室が2畳必要と言われます。一方、中野区だと帳場も必要ありません。

このように自治体によって大きく違うので、旅館をはじめるにあたっては「用途地域」の確認と共に自治体への確認を行いましょう。

いずれにせよ、そもそもニーズがあるかを見極めて投資をしなければなりません。今回のケースでは東京都内での転用でしたが、外国人旅行客のニーズがあれば、日本全国で応用できると考えています。

コラム③

元F-15戦闘機パイロットが沖縄の転貸民泊

前川 宗（まえかわ そう）さん

ブログ「空飛ぶ音速の世界から全く違う世界へ」
https://ameblo.jp/so-m0331/

最近は〇〇大家と名乗る大家さんにもバリエーションが増えていますが、前川さんはトップガン大家さんです。というのも、彼の前職は航空自衛隊の元F-15戦闘機パイロットなのです！

現在は東京にお住まいですが、昨年までの２年間を那覇基地で勤務していたため、沖縄に縁があります。

「不動産投資を始めた理由は、自分（自衛官）の将来を考えた時にこのままでは破産とは言わないものの、絶対お金の面で苦労することに気付いたからです。そんな時に、白岩さんのセミナーを聞いて、旅館業の魅力を知りました。その後すぐ白岩さんに個人的に連絡して、お会いしました」

たしか昨年の秋ごろだったと思います。彼は東京でも沖縄でも旅館をはじめる準備をしていますが、とくに面白いのが沖縄の北部で転貸の民泊（民泊新法）です。

「自分の所有ではなくて、自衛官の後輩から依頼を受けて取り組み出した物件です。依頼者の彼女の父親が購入した物件で、別荘として使用していましたが、その父親が病気で倒れたてしまいました。以降2年間空き家でほぼ使っていない状態です。父親の介護にお金が必要ですし、使っていない物件はお金がかかるだけで、どうにかしたいという相談を受けて、現地偵察等行った結果、民泊をやろうということになりました。そのため申請、許可などの手続きと平行してハウスクリーニング、改装、備品揃えなどを行っていきます」

と、前川さん。今年の夏のオープンを目指しています。

ところで沖縄の物件は「なぜ旅館業でなくて、民泊新法なのか？」ということが気になった方もいるかと思います。それは答えは単純明快です。沖縄は年間通して観光ができますが、基本はビーチリゾートなのでオンとオフがはっきりとしています。また、宿泊費のレートもオンとオフでは桁が違うほど差があります。そこで「オンシーズンだけを狙った季節営業をチャレンジしてみよう！」というのが今回の取り組みなのです。

私もこの沖縄北部の物件には何度か出向きまして、お手伝いもさせていただいていますが、半年間の営業で家賃の3倍を狙っていけたらと考えています。この結果は、また改めて報告しますね！

最後に前川さんの今後のビジョンをお聞きしました。

「不動産投資をきっかけに、事業→情報発信・提供ができる人間になりたい。特に、まだ何も知らない人達に価値のあるものを伝えていけたらと思っています。かねてから言われていますが、日本人は子どものころからお金の話はタブーとされ、大人になっても普通には話しにくいです。その結果、お金を上手に使えなかったり、投資で失敗してしまう人も増えています。私は日本人が投資やお金の話を普通にするような社会にしたいと考えています」

この前川さんの考えには私も強く共感します。共に社会を変えてきましょう！

【満室必勝座談会】

60室大家　白岩貢氏

&

満室案内人　穴澤康弘氏

対談者プロフィール

【白岩 貢（しらいわ みつぐ）】

1959年、世田谷で工務店経営者の次男として生まれる。
世田谷にて珈琲専門店を経営していたが、株式投資の信用取引に手を出してバブル崩壊と共に人生も崩壊。夜逃げ、離婚、自己破産を経てタクシー運転手になり、その後、土地の相続を受けて本格的にアパート経営に乗り出す。
60室の大家でありながら本業の傍ら不動産投資アドバイザーとして、その時代に合ったアパートづくりを累計360棟サポートしている。

【穴澤 康弘（あなざわ やすひろ）】

1983年生まれ、大学を卒業後、アパレルメーカーに勤務、その後、結婚相談所を経て、不動産業界へ。賃貸の客付営業歴5年、2018年より不動産投資家のサポートの開始。

取り返しがつかない"失敗大家"が急増中

白岩　昨今、スルガショックや多法人スキームなどで、投資に値しない失敗物件を買ってしまった人が増えています。これらに共通する恐ろしいポイントは、地方の大規模物件を、元々お金がない人たちが自己資金ゼロで買ってしまっていることです。

昨年くらいから私の元へ、物件が空室だらけになり困っている大家さんが大勢相談にいらっしゃいます。

穴澤　需要が旺盛といわれる東京ですら、空室で悩む大家さんは多いのです。まして、地方となれば、相当な苦戦が強いられています。

白岩　ただ買うほうにも責任はあって、借金を資産だと思っていたわけです。私が知っている人の中には、10億円を超える借金をしてしまった人がいます。「これから30年ローンをどうするのか」という話もあります。

長期に渡る返済をするためには、物件をしっかり高稼働させなくてはいけません。

そこで穴澤さんに伺いたいのですが、プロの営業ならどんな物件でも埋められるものなのでしょうか？

穴澤　築年数や立地などをふまえて適正な家賃を設定して、広告料を出せば埋まる物件がほとんどだと思います。ただ、実際にはどうしようもない物件もあるのが現実です。

白岩　それはどんな物件でしょうか。

穴澤　ニーズに合っていない物件です。単身需要が一切ないエリアにある単身物件だったり、まわりに広い新築物件がたくさんある中での、狭小ワンルームだったり。それでも「とにかく安ければいい」という層がいるので、家賃を下げてそこを取り込めればいいのですが、ローン返済額の関係で家賃が下げられないとなると厳しいですね。

白岩　私が相談を受けた中では「給与からローンを支払っている」「お小遣いを減らしてローンを払っている」という人も増えています。

収益性が高い物件を元手なしにレバレッジかけて購入したはずなのに、実際には収益性は〝ハリボテ〟で、ぜんぜん儲かっていない人ばかりです。

カーテンスキームや二重売契（実際の取得金額と銀行用の取得金額で契約書を2通つくる不正）など悪徳手法を使われていたということです。

穴澤　そうなると、「満室なのに赤字」という状況に陥りそうですね。

白岩　はい。しかも購入した人の多くは、給料は高いもののほぼ貯金していない人たちなので、家賃を下げたりリフォームをすることもできません。

穴澤　サラリーマンだから、現地に行って客付会社をまわることもできませんしね。物件が汚くなっても、自分で掃除もできないですし。

白岩　そういう悲惨な状況に追い込まれても、地主だったらまだ建物代だけだから、持ち出しに耐えられるでしょう。

しかしサラリーマンはそうもいきません。まだ頭金を2～3割入れている人は耐えられると思います。これがオーバーローン、フルローンの人は厳しいでしょうね。

穴澤　都会や地方の好立地であれば、私の空室の埋め方で効果が期待できますし、ある程度、空室を埋めるための予算があれば、田舎でもなんとかなると思います。

しかし「お金もない」「時間もない」そんな大家さんの物件が田舎の大規模物件であれば、かなり難しいでしょうね。

白岩　はい。八方塞がりで、破産予備軍になっています。

ガラガラ物件に悩む失敗大家は破産一直線なのか？

白岩　私は物件を高稼働させるために、普通賃貸として運用しているアパートを旅館に転用することをおすすめしていますが、インバウンド需要がないところで行っても意味がありません。旅館にするからにはアパート経営以上に立地にこだわらなければなりません。

穴澤　では、どうすればいいのかという話になりますよね。田舎のガラガラ物件の大家さんには破産するしか道は残されていないのか・・・と。

白岩　それが打てる手立てがあるのです。まだ進行中なのですが、私の知人大家さんが取り組んでいます。

その人は斉藤さんといいまして、30代半ばのサラリーマンです（第2部2章のコラムで紹介）。ご夫婦で不動産投資をされていますが、聞けばこれが典型的な失敗ケースなのです。

地方在住で地元にあまり儲からない築浅アパート、それから極悪なサンタメ業者（新中間登記省略を使って転売を行う業者）から購入した田舎の重鉄アパート2棟。合わせて3棟を2億円で購入しました。いわゆるスルガスキームで、完全にハメ殺されたパターンです。

穴澤　地方で2億円といえば、規模が大きそうですね！

白岩　その通りです。ローンの支払いは月々80万円で埋めても埋めても空室とのいたちごっこ。なにより空室対策のコストが異様に高く、ワンルーム20万円、ファミリーで30万円かかり、手元にまったくお金が残らないそうです。

穴澤　東京では広告料は1カ月程度が相場ですが、地方は2カ月で普通、高いケースでは3カ月や4カ月もありますからね。

白岩　彼はもともと激務で体を壊した経験があり、サラリーマンをリタイヤしたいという願望があるのです。

そのためにも億の借金をして、不動産投資で成功して、家族で幸せになろうとしたのに・・・蓋を開けてみれば、金銭的にも精神的にも大きな負担を強いられています。

穴澤　それは厳しいですね。

白岩　そこで彼はどうしたのかというと必死で空室を埋めて、手元にある少ない現金を使って高利回りのボロ戸建て投資を行いました。

穴澤　現金投資をして家賃収入を得るやり方ですね。

白岩　はい。今、流行りの戸建て投資をしたところ、入ってくるのは5万円程度なのに、床面積は広いので、スルガスキームで購入した物件以上に修繕費がかかることに気づいたそうです。

穴澤　家賃5万円だとすれば東京では狭小ワンルームですね。狭いですからリフォーム費用もそこまでかかりません。

　これが同じ家賃でも地方では60平米、場合によっては80平米を超えますから、100万円くらいかかることもあります。そのことに彼は気づいたのですね。

白岩　はい。退去があると1、2年分の家賃が飛んでしまうとため、ビジネスとして成立していないとわかったのです。

リフォームコストも地方だから安いということはありません。

人件費は多少安いかもしれませんが、人工（職人1日あたりの人件費）が東京だから3倍ってことはないですし、設備に関しては日本全国どこも同じでしょう。

穴澤　ある程度の都会であれば管理会社もリフォーム業者も選択肢がありますが、田舎すぎると選ぶことができず、割高な業者であっても付き合わざるを得ない・・・そんな話も聞きますね。

「旅館を経営する」という選択肢

白岩　それでどうしていいか悩んでいるタイミングで、斉藤さんと私は知り合ったのです。話を聞いて「地方の観光地を狙って、戸建てを買って旅館をしたらどうか」とアドバイスしたところ、彼はすぐに岐阜県の飛騨高山にある戸建てを見つけてきました。

さっそく用途地域を調べ役所に確認をとったところ、旅館業ができる立地でした。なにより観光に便利なところにあり、外国人旅行客のニーズが見込めます。

穴澤 やはりボロ戸建てなんですか?

白岩 それが、築47年ほどの400万円の物件なのですが、かなりキレイな状態でした。現在、大工さんを雇ってリフォームをしていまして、私からはデザイナーを紹介して二人三脚で、来月からの稼働を目指しています。

穴澤 だいたいどれくらいの収益が見込めるのでしょうか。

白岩 普通賃貸で家賃5万円のところ、1日1万円で20日稼働で計算して、概算で月20万円を想定しています。

穴澤 それはいいですね! 400万円で買った戸建てが月20万円稼いだら、2年で回収できますね。

白岩　斉藤さんは奥さんと手分けして家族で運営するそうです。ですから運営コストも下げられます。旅館で稼げばきついローン返済のダメージを減らすことができるでしょう。

穴澤　それは現実的な話ですね。スルガ物件や普通賃貸の戸建てではこれ以上の家賃は望めないと思います。それは失敗大家さんだけでなく、今アパート・マンション経営をする大家さんにとっても同じです。

家賃は下がることはあっても、上がることはなかなかありませんから。別に稼ぎ出せる物件をつくる・・・というのはいいアイデアだと思います。

白岩　数億円のローンを抱えた人たちが何をやっても空室が埋まらないという状況がある中で、なんとかお金を稼ぎ出すには最適です。

もちろん、戸建てを購入するというハードルがありますが、これは融資が使えるのです。斉藤さんは債務超過に陥っているにもかかわらず融資を引いています。

穴澤　すごいですね！

旅館アパートで負けない戦いを！

白岩　本書では、第1部で王道の空室対策をお伝えしました。これが第一の手です。

そして第2部がアパートを旅館に転用して、高稼働させるノウハウ。第二の手ですね。で、今話した斉藤さんのやり方が、第一の手や第二の手も効かない失敗大家さんのための第三の手なのです。

簡単に言えば「400万～500万円の戸建てを購入して旅館を行う」というものです。今は1戸目ですが、これから高山にどんどん増やしていきたいそうです。

戸建てが1戸増えても普通賃貸であれば5万円。それが1戸増える度に20万円、30万円が稼げるとなればどうでしょう。

穴澤　新しいスキームですね。とてもワクワクします。

白岩　はい。場所は、高山、金沢、しまなみ海道、函館、湯布院などいくらでもあります。そこで通常の家賃ではなく宿泊料をとります。旅館の経営といっても、そこまで難しくありません。パートを雇ってもいいですし、もちろん自分で対応しても構いません。
また、斉藤さんのスキームでは旅館業ですが、沖縄や白馬で民泊をしようというプランもあります。今、沖縄で取り組んでいるのが前川さん（第2部3章コラムで紹介）です。

穴澤　そのままでは、破産するのだったら、やれることはやったほうがいいですよね。

白岩　マイナスを改善するという思考ではなく、プラスになる事業を行うべきなのです。それによって収支をあげて財務状況が良くなれば、借り換えもできるようになるはずです。
赤字の物件があれば、黒字の物件で補填するという、とてもシンプルな考え方です。
今のままでは税引き後、さらに生活費を引いたお金でローンを補填できるわけがありません。そんな真綿で首を絞められているような状況が30年も続くわけです。一刻も早く抜け出したほうがいいです。

穴澤 そこで戸建て型の旅館アパートを安く、できれば地方の観光地で仕込むわけですね。資金はどうするのでしょうか？

白岩 地方の人だったら、斉藤さんのように地元の金融機関で借りればいいですし、遠隔の人だったら日本政策金融公庫で開業資金です。

今はインバウンド向けのローンがあるので、それを活用するのがおすすめです。公庫の開業資金、地元の信金、行政からの補助金というように、いくつかの道があります。

借り手の属性、地縁などを複合的に判断するので単一の回答は出せませんが、何かしらの策はあるはずです。

穴澤 それはいいですね。しっかり利益を積み重ねて

いけば、生き残れる可能性は格段に上がります。

白岩　株でいうと、「ナンピン買い」（保有している銘柄の株価が下がったときに、さらに買い増しをして平均購入単価を下げること）です。「頭と尻尾はくれてやる。人の行かない道に花がある」という考え方が株の世界にはありますが、まさにその通りです。

穴澤　なるほど。いずれにしても負けない戦いをしていけば、借り換え、損切りなど物件ごとの勝利の方程式が見えてきます。家族がいて生活がある中で、今のまま悶々としているなら、行動を起こすべきだと思います。

白岩　旅館で稼いで潤沢な現金があれば、ドミナントで旅館を増やすことができる。旅館が増えれば、より大きな現金を生み、借り換えて収支改善したり、必要であれば損切りもできます。まずは現金が必要、そのために旅館が最適です。

東京は最強ではありますが、誰もが買える場所ではありません。これが地方に目を向ければ、まだまだチャンスが眠っているのです。

穴澤　希望が持てますね！

白岩　はい。実際、動いたことで現在は幸せな生活を送っている人を私は何人も知っています。

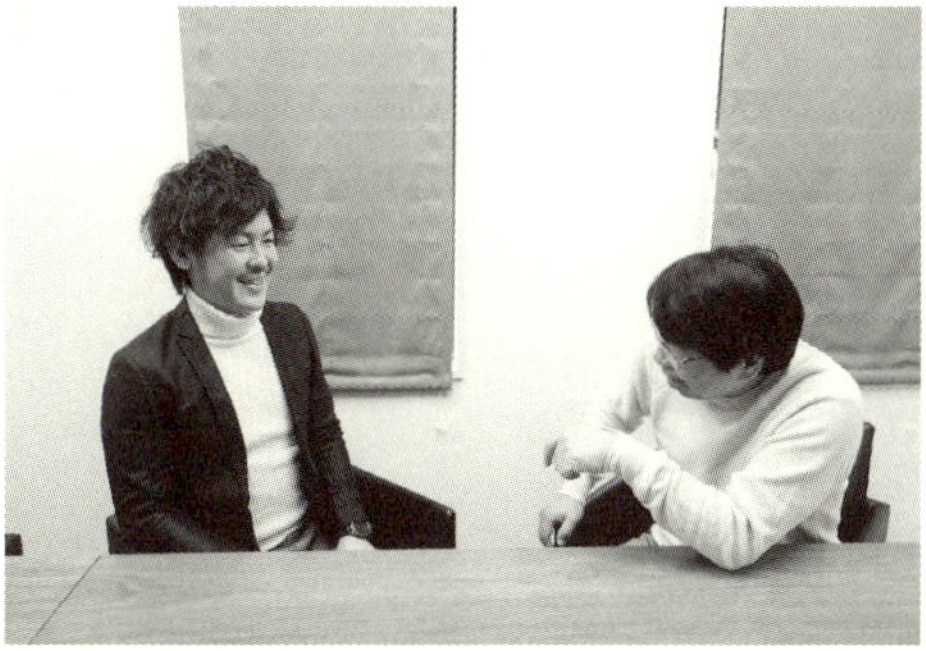

おわりに

本書は空室対策本でありながら、いわゆる一般論だけの内容ではありません。

一口に空室対策といっても、正統派ともいえる知識やテクニックから、ウルトラCともいえる旅館への転用など、さまざまな方法があることをご理解いただけたのではないでしょうか。

もちろん、物件によって向き不向きもありますし、その地域性にもよるところはありますが、アパート・マンションを「賃貸物件」と捉えるだけでなく、「旅館」として運用することで、大きな可能性を感じていただけたら幸いです。


さて、話は変わりまして、先日、私と姉で共同管理してる世田谷の築47年の31㎡の合法民泊（民泊新法届出済）に連続28泊の申し込みが入りまして、1部屋で63万円の売り上げとなりました。

しつこいですが、築47年31㎡の木造アパートの部屋が63万円です。いつも、言ってるように全ては立地です。

この物件は民泊ですが、そことは別に世田谷区に新たな旅館アパートが誕生しました（第2部3章で紹介しています）。稼働しはじめた2カ月から数回物件見学会を行っていますが、多くの皆さんにご参加いただきまして、不肖白岩真剣に考えて一つの結論を導きました。

２００４年に「世田谷、目黒にアパート建てる会」を20名からのスタートしまして、その後、会員数１８７名まで拡大した「オンリーワン勉強会」となりました。

そこまでの大所帯にもなったにも変わらず、私はサッカーＪ３チームのＳＣ相模原の立ち上げに忙しくなり、会の運営から離れていったという経緯があります。

そして、また大家兼不動産投資アドバイザーとして再開し、宅建業の免許を取り、現在は吹き抜け型アパートや旅館アパートのサポートをしています。

そんな中、本気の総合不動産投資勉強会を4月からスタートさせます。

私たちは実践ではなく実戦という意識で運営してきます。15年間の勉強会の集大成の新勉強会・・・その名を「満室の王道」と命名しました。

新築アパート、旅館アパート、賃貸併用住宅、賃貸併用旅館、職人住宅、土地売買、リフォーム、リノベーション、古家戸建旅館、Airbnb、相続案件、シェアハウス、客付け、融資付けなどアドバイス出来るプロの集まりだと自負しています。

彼らを「王道チーム」と命名し、「満室の王道」勉強会の講師をしてもらいます。

私は以前からそのスタンスを変えていませんが、何か無理やり押し売りするつもりはありません。むしろ不誠実な不動産コンサルタント、不動産業者から買うべきでない物件を購入してしまった人の駆け込み寺のようになっているのが実情です。

私としては、何の知識もなく、相談する相手もいない中で、失敗物件を買わされて、空室に悩む・・・そんなことがないように、しっかり学ぶべきだと考えています。

もちろん、実戦スタイルですから、ほかの大家塾やコミュニティをは一線を画す内容となっています。

興味のある方がいらっしゃいましたら、私のブログやホームページをご覧になってください。

最後に本書の執筆にあたって、多くの人にお世話になりました。

まずは共著者である穴澤康弘くん。客付け営業マンとして実績があり、客付けの極意を知り尽くしているとはいえ、仕事をしながら本を執筆するのは本当に大変だったと思います。どうも、お疲れさまでした！

それからコラムで取材協力いただいた皆さんにも感謝します。

まずは私の姉であるタエコ、昨年6月に民泊新法が施行されてから紆余曲折があったものの、物件は順調に稼働し、変わらずスーパーホストとして評価も高いところは我が姉ながら素晴らしいと思っています。

それから高山でがんばる斉藤さん夫妻、まもなくオープンということで忙しい日々でしょうが、なんとか良いスタートを切ってください！

元Ｆ15戦闘機パイロットの前川さん。沖縄の民泊の夏開業が間に合うよう願っています。民泊で季節営業のスタイルが確立したら、それもまた新たなチャンスだと思っています。ぜひ、成功させましょう！

そして、いつも上手に本としてまとめてくださる版元のごま書房新社編集部のみなさん、編集協力のライターさん、デザイナーさんたち。今回もお世話になりました。また、いつも私を支えてくれる事務所のスタッフにも感謝の言葉を述べたいと思います。いつも、ありがとうございます。

最後に読者の皆さん。最後までお読みいただきまして本当にありがとうございます。この本を読んでいただいたのも何かのご縁です。

一緒に学びたい人はもちろん、何らかの悩みを抱えていたら、気軽に相談くださ い！

白岩 貢

2019年3月吉日

著者略歴

穴澤 康弘（あなざわ やすひろ）

1983年生まれ。通称「満室案内人」。人と深く関わる職やサポートを探求するため、アパレル接客、結婚相談所相談員を経て、不動産会社で客付営業マンを5年間おこなう。現在は白岩貢氏と共に満室管理の請負や指導をおこない大家さんのために尽力中。また、これまでに累計2000室以上の空室を埋めてきた経験を活かし、そのノウハウをセミナーや勉強会で大家さんたちに普及させている。

■著者ブログ『満室案内人～穴澤康弘の空室撲滅ブログ』
https://ameblo.jp/houseadviser/

白岩 貢（しらいわ みつぐ）

兼業大家。不動産アドバイザー。1959年、世田谷で工務店経営者の次男として生まれる。珈琲専門店を経営していたが、バブル崩壊で破産。夜逃げ、離婚、自己破産を経てタクシー運転手になる。その後、親の遺産の土地の相続を受けてアパート経営に乗り出す。現在60室の大家であり、本業の傍ら不動産投資アドバイザーとして、その時代に合ったアパートづくりと満室計画を累計360棟サポートしている。著書に『新築利回り10％以上、中古物件から月50万円の旅館アパート投資！』（ごま書房新社）ほか、累計13冊執筆。

■白岩貢事務所　http://shiraiwamitsugu.com/

空室を許さない！

「満室」管理の「王道」

著　者	穴澤 康弘 白岩 貢
発行者	池田 雅行
発行所	株式会社 ごま書房新社 〒101-0031 東京都千代田区東神田1-5-5 マルキビル7階 TEL 03-3865-8641（代） FAX 03-3865-8643
カバーデザイン	堀川 もと恵（@magimo創作所）
編集協力	布施 ゆき
印刷・製本	倉敷印刷株式会社

ISBN978-4-341-08728-9 C0034

ごま書房新社の本

家賃収入3倍増！
“旅館アパート” 投資術
～365日宿泊可能な合法民泊～

大家 **白岩 貢** 著

【年間3000万人！ 外国人需要の波に乗る “旅館アパート” の驚くべき仕組みとは!?】
「旅館アパート」は私の造語ですが、見た目はそのまま貸家・アパートでありますが、賃貸住宅とは思えないほどの収益をもたらします。ヤミ民泊が一掃された今こそがチャンスです。「旅館アパート」投資のすべてを知りたい方はどうぞ、読み進めてください。

事例【廃業した床屋】家賃20万円→67万円にUP！【店舗物件】家賃17万円→51万円にUP！など、アパート一筋360棟大家の最新ノウハウを公開！ “賃貸物件”が「買えない！」「儲からない！」時代の新しい不動産経営術。

本体1550円＋税　四六判　220頁　ISBN978-4-341-08703-6　C0034